Die IS-Krise

Charles H. Dyer,
Mark Tobey

Dieses Buch ist in Liebe den Männern und Frauen gewidmet, die das Evangelium im Nahen Osten an vorderster Front verkünden.

Und sie haben ihn überwunden um des Blutes des Lammes und um des Wortes ihres Zeugnisses willen und haben ihr Leben nicht geliebt bis in den Tod!

Offenbarung 12,11

Die IS-Krise

Charles H. Dyer,
Mark Tobey

Verlag Mitternachtsruf

Die IS-Krise
Charles H. Dyer, Mark Tobey

Titel der englischen Originalausgabe:
The ISIS Crisis

ISBN 978-0-8024-1318-5
Published by Moody Publishers, 820 N. LaSalle Blvd., Chicago, IL 60610
Translated by permission

Verwendete Bibelübersetzung:
Schlachter 2000-Übersetzung, Genfer Bibelgesellschaft.

Verwendete Koranübersetzung:
Der edle Qur'an und die Übersetzung seiner Bedeutungen in die deutsche Sprache.
Übersetzung: Scheich Abdullah As-Samit (F. Bubenheim) und Dr. Nadeem Elyas.
Herausgegeben vom König-Fahd-Komplex zum Druck von Qur'an in al-Madina al-Munauwara unter Aufsicht des Ministeriums für Islamische Angelegenheiten, Stiftungen, Da-Wa und Rechtweisung im Königreich Saudi-Arabien, 2003 (2. Auflage).

2. Auflage Oktober 2015 (Koproduktion)
Verlag Mitternachtsruf, CH 8600 Dübendorf
www.mitternachtsruf.ch
Christliche Verlagsgesellschaft mbH, Dillenburg
www.cv-dillenburg.de

Bestell-Nr. Mitternachtsruf: 180033
ISBN Mitternachtsruf: 978-3-85810-135-8
Bestell-Nr. CV: 271.176
ISBN CV: 978-3-86353-176-8

Übersetzung aus dem Amerikanischen: Martin Plohmann
Umschlag, Satz und Layout: Cicero Studio AG, CH-9442 Berneck, www.cicero-studio.ch
Herstellung: BasseDruck GmbH, DE-58135 Hagen
Bildnachweis Inhalt: Fotolia.com/odriography, Reuters.com/Sabah Al-Bazee, Wikimedia

Inhalt

Vorwort

In den letzten Monaten hat die internationale Terrorgruppe Islamischer Staat die Schlagzeilen beherrscht. Das Buch, das Sie in den Händen halten, soll Ihnen helfen, den Islamischen Staat und seine Rolle für die Zukunft des Nahen Ostens zu verstehen.

Charles Dyer und Mark Tobey zeigen uns, dass der Islamische Staat nicht aus dem Nichts entstanden ist, sondern zum grösseren geschichtlichen, religiösen und politischen Kontext des Nahen Ostens gehört. In diesem Buch werden Sie erfahren, wie die von den Alliierten nach dem Ersten Weltkrieg getroffenen Entscheidungen beitrugen, die Grundlagen für die heutigen Konflikte und Unruhen zu legen. Durch die Niederlage der Türkei versank das Osmanische Reich im Chaos und Briten, Franzosen und Russen teilten einen Grossteil des zerfallenden Reiches unter sich auf. Das bereitete die Bühne für die Konflikte, die wir heute sehen.

Sie sollten dieses Buch aus mehreren Gründen lesen:

Erstens macht es Ihnen die komplexe Situation im Nahen Osten deutlich. Es beschreibt die Unterschiede zwischen Schiiten und Sunniten, zwischen Osmanen, Assyrern und Kurden. Sie erfahren, wie die russische Invasion Afghanistans im Jahr 1979 eine Gruppe von Kämpfern mobilisierte, aus der schliesslich radikale islamische Terrororganisationen erwuchsen, die zu Reichtum und beängstigender Macht gelangten. Ausserdem erhalten Sie Informationen über die Grundlagen des Islams, der Religion, die die verschlungene Geschichte des Nahen Ostens entscheidend mitprägte. Der Islam lehnt die Demokratie ab und vertritt die Ansicht, der Westen würde von dekadenten Imperialisten regiert, die ihre grosse Macht dazu gebrauchen, jene Regionen in der Welt auszubeuten, die sich ihnen nicht widersetzen können.

Präsident Obama lag falsch mit seiner Aussage, dass ISIS nicht islamisch wäre. Der Islam ist in seinem Kern eine politische Religion, die die Welt zu beherrschen versucht. Terrorgruppen, die

Befehle aus dem Koran zitieren, die besagen, dass die Welt von allen Ungläubigen zu säubern ist, sehnen sich nach einem idealen islamischen Staat, der die ganze Welt umspannt. Wie wir wissen, haben diese Gruppen Amerika langfristig im Blick.

Ein zweiter Grund für dieses Buch ist ein besseres Verständnis von Israel, einem Land und Volk, das von seinen Nachbarstaaten und der ganzen islamischen Welt abgelehnt wird. Ein oberflächliches Verständnis vom Nahen Osten könnte zu der Annahme führen, dass diese Ablehnung durch die Entstehung des israelischen Staates im Jahr 1948 hervorgerufen wurde, was die Vertreibung vieler Araber in andere Gebiete wie das Westjordanland zur Folge hatte. Der Hass der Muslime auf die Juden geht jedoch auf einen viel früheren Zeitpunkt zurück, auf den Propheten Mohammed, der die Enthauptung von 700 jüdischen Männern beaufsichtigte. Anschliessend versklavte er ihre Frauen und Kinder. Dieses Buch weist auf die gewaltsamen Aussagen und Anordnungen im Koran hin, die den Hass auf die Juden schüren. Das erklärt, warum der Islamische Staat diese direkten Aussagen des Koran und der Hadith benutzt, um sein brutales Vorgehen gegen alle Ungläubigen zu rechtfertigen, ganz gleich ob sie Juden, Christen oder sogar Muslime sind.

Der dritte und wichtigste Grund für dieses Buch ist, dass alle diese Ereignisse auf der Grundlage der Schrift besprochen werden. Obschon die Autoren nicht glauben, dass der Antichrist aus der islamischen Religion hervorgehen wird, wird uns der allgemeine Hintergrund der Prophetie über den Nahen Osten verdeutlicht. Uns überrascht es nicht, dass Jesus am Ende gewinnen wird! Der Islamische Staat ist eine Krise für uns, aber nicht für den, der als der König der Könige und Herr der Herren ausgerufen wird.

Es ist ein ernstes Buch, das Sie wahrscheinlich mehr als einmal lesen wollen. Versuchen Sie beim ersten Lesen, ein allgemeines Verständnis von der Geschichte des Nahen Ostens zu gewinnen; dann werden Sie es so wie ich ein weiteres Mal lesen und auf die Details achten wollen, um die Nuancen und die verschiedenen Akteure im Nahen Osten zu begreifen sowie die Terrorgruppen, die unsere Sicherheit bedrohen.

Nachdem Sie dieses Buch gelesen haben, verspreche ich Ihnen, werden Sie den Nahen Osten nie wieder mit denselben Augen sehen. Sie werden hinter den Vorhang unserer Gesellschaft blicken und erkennen, dass die vielschichtige und oftmals verwirrende Geschichte des Nahen Ostens einige Lektionen für diejenigen bereithält, die gewillt sind, sie zu lernen.

Erwin W. Lutzer
Senior Pastor, The Moody Church, Chicago
Bestsellerautor

EINFÜHRUNG: Der Islamische Staat auf dem Vormarsch

Wenn du die Schwarzen Banner von Chorasan her kommen siehst, dann gehe sofort zu ihnen, selbst wenn du über Eis kriechen musst, denn unter ihnen befindet sich der Kalif, Al Mahdi.

Dann werden aus Richtung Osten schwarze Flaggen auftauchen.

Aus der Hadith

In einem kleinen Ort im Nordirak schützen die Bewohner ihre Augen vor der untergehenden Sonne, während sie zum Horizont blicken. Die länger werdenden Schatten und die goldene Färbung des bevorstehenden Sonnenuntergangs geben dem kargen braunweissen Grundton des trockenen irakischen Terrains Tiefe und Farbe.

Aber die Dorfbewohner stehen nicht dort, um die untergehende Sonne zu bewundern. Vielmehr starren sie ängstlich auf eine unheilvolle Staubwolke, die sich in weiter Ferne erhebt. Der wolkenlose Himmel und der ruhige Wind deuten nicht auf einen herannahenden Sturm hin. Und dennoch braut sich ein weitaus gefährlicherer Sturm zusammen, der schon bald alles verwüsten wird, was sich ihm in den Weg stellt.

Als die Staubwolke näher kommt, wird ihr Ursprung deutlich. Über die unbefestigte Strasse des Ortes rast eine seltsame Mischung aus Humvees, Kleintransportern und Geländewagen, beladen mit Männern, die Gewehre und automatische Waffen tragen. Die maskierten Kämpfer halten an Stangen befestigte schwarze Flaggen hoch, die in der heissen Wüstenluft hin und her peitschen. Auf jeder Flagge stehen in fliessendem Arabisch die Worte des islamischen Glaubensbekenntnisses *(Schahada)*: «Es gibt keinen Gott ausser Allah, und Mohammed ist sein Prophet.» Unten auf der Flagge befindet sich das Siegel Mohammeds.

Das ist das Schwarze Banner oder die Schwarze Standarte. Im Gegensatz zur Totenkopfflagge, die am Mast von Piratenschiffen in einer Geschichte von Robert Louis Stevenson gehisst ist, ist das Schwarze Banner keine aus der Luft gegriffene Metapher für Hochseeabenteuer. Die Schwarze Flagge ist real. Sehr real. Und sie soll Schrecken in allen hervorrufen, die sie sehen – um die Ziele und Absichten der Gruppe deutlich zum Ausdruck zu bringen. Sie kommen, um zu jagen, zu erobern, zu foltern und zu töten, ohne Gnade.

Die Schwarze Flagge symbolisiert den Vormarsch des militanten Islam. Sie steht für den Islamischen Staat, der vorrückt, um ein weiteres Dorf zu verschlingen und zu kontrollieren und alle zu terrorisieren, die dort leben. Sie weist sogar auf das Ende der Tage und die Ankunft des *Mahdi* hin, des verheissenen Messias des Islam.

Der Islamische Staat ist auf dem Vormarsch.

Während wir schliefen

Am Anfang schenkte der Westen dieser neuen Gruppe von islamischen Dschihadisten nur wenig Aufmerksamkeit. In den letzten zwanzig oder mehr Jahren haben Amerika und viele andere westliche Staaten den zunehmenden Zorn des Bösen verschlafen. Aber in dieser Zeit hat sich ein idealer Nährboden für eine neue Form des Extremismus und brutaler Aggression entwickelt, wie es seit Hitlers Gräueltaten an den Juden in Europa nicht mehr zu beobachten war.

Der Irak, so scheint es, ist nur der Anfang eines viel grösseren Weges, den der Islamische Staat entschlossen ist zu gehen. Vor Kurzem haben mehr als 37 verschiedene rebellische Splittergruppen gegen Baschar al-Assad, Präsident von Syrien, und die syrische Armee gekämpft. Die grössten von ihnen sind die Freie Syrische Armee und die Al-Nusra-Front, die die gesamte Berichterstattung und alle externen finanziellen Mittel bekommen haben.

Anfangs schien diese neue Gruppe, die sich selbst ISIS (der Islamische Staat im Irak und in Syrien) nennt, eine von mehreren mit Al-Qaida verbundenen Gruppen zu sein, die sich am Kampf beteiligten. Das war im Grunde nichts, worüber man sich im weiteren Kontext des Nahostkonflikts Sorgen machen musste. In einem Interview mit dem Magazin *New Yorker* sprach Präsident Barack Obama Anfang 2014 – in der Hoffnung, die Welt zu beruhigen – vom Islamischen Staat als einem «jayvee team» – als die Zweitbesetzung einer amerikanischen Schulsportmannschaft.[1]

Wir haben uns noch einmal umgedreht und weitergeschlafen.

Ein sich ausbreitender Albtraum

In weniger als neun Monaten katapultierte sich Präsident Obamas so genanntes JV-Team mit drei schlagzeilenträchtigen Schachzügen auf die Titelseiten. Erstens besiegten sie syrische und irakische Streitkräfte im Kampf und eroberten einen grossen Streifen Land, einschliesslich Mossul, die zweitgrösste Stadt des Irak. Nach der Einnahme Mossuls erklärten sie das eroberte Gebiet sodann zu einem islamischen Staat – einem *Kalifat*. Ihr Ziel ist es, die Grenzen dieses Staates zu erweitern, bis die Schwarze Flagge über dem ganzen Nahen Osten weht. Schliesslich schockierte der Islamische Staat die Welt durch die brutale Enthauptung von «Ungläubigen» in dem Land, das sie eingenommen hatten. Unter den Opfern befanden sich auch Christen, Frauen und Kinder und Angehörige anderer religiöser Minderheiten, die sich nicht bekehren wollten, sowie westliche Journalisten und Mitarbeiter von Hilfsorganisationen, die während der Kämpfe gefangen genommen wurden.

Da sind wir schliesslich alle aufgewacht. Der Islamische Staat ist mehr als nur ein schlechter Traum. Er ist ein ganz realer Albtraum, der sich vor unseren Augen entfaltet.

Dieses angebliche JV-Team besiegte plötzlich alle Rivalen in dem scheinbar nahezu unaufhaltsamen Bestreben, den Nahen Osten zu beherrschen. Schon bald erkannte Präsident Obama die militärische Terrorgruppe als eine Hauptbedrohung an. Er gab ihr einen etwas anderen Namen: ISIL, für der Islamische Staat im Irak und der Levante. («Levante» ist ein veralteter geografischer Begriff für das Land zwischen Ägypten und der Türkei, das heute Syrien, den Libanon, Jordanien und Israel umfasst.)[2]

Der schnelle Aufstieg des IS wirft eine Reihe von Fragen auf:

- Woher kommt der Islamische Staat?
- Warum hat sein plötzlicher Aufstieg jeden überrascht?
- Sind die Führer und Soldaten des IS wirklich eine ernsthafte Bedrohung für den Nahen Osten? Sind sie in der Lage, Europa und Amerika anzugreifen?
- Können sie aufgehalten werden? Und wenn ja, wie?
- Ist der Aufstieg des Islamischen Staates von biblischer Bedeutung?
- Ist die «IS-Krise» mehr als nur ein schwacher Impuls auf einem ohnehin schon überfüllten nahöstlichen Radarschirm, oder könnte sie die Welt tatsächlich nach Harmageddon drängen?
- Wie können wir ruhig bleiben, wenn sich die Welt scheinbar auflöst?
- Wie können wir sinnvoll, rational und doch mitfühlend reagieren, wenn uns die Angst geradezu zu überwältigen droht?

Dieses Buch wird uns bei der Beantwortung dieser Fragen helfen.

Nichts geschieht ohne Grund. Mit anderen Worten, um die Zukunft zu verstehen, müssen wir uns die Vergangenheit anschauen. Wie sich herausstellt, hilft uns die jüngere Geschichte zu verstehen, wie der Islamische Staat so schnell seinen Platz in unserer verschlafenen und bequemen zivilisierten Welt fand – einer Welt, die anscheinend immer wieder vergisst, wie die Geschichte sich selbst wiederholt, manchmal sogar mit ziemlicher Entschlossenheit, wenn man nicht aus ihr lernt.

KAPITEL 1:
Der Krieg, der alle Kriege beenden sollte

Wer sich nicht an die Vergangenheit erinnern kann,
ist verurteilt, sie zu wiederholen.

George Santayana
Spanischer Philosoph[1]

Nach der Veröffentlichung eines Videos, das die Enthauptung des Journalisten James Foley im August 2014 zeigte, trat Präsident Obama vor die Nation und erklärte: «Wir alle können darin übereinstimmen, dass eine Gruppe wie ISIL keinen Platz im 21. Jahrhundert hat.»[2]

Präsident Obama drückte unsere kollektive Wut und unseren Schrecken über diese brutale Hinrichtung einer westlichen Geisel durch einen IS-Kämpfer aus. Und ja, wir alle sind uns einig: Der Islamische Staat muss gestoppt werden.

Doch seitdem gab es weitere Enthauptungen. Schockierende Berichte von Kindern und Frauen, die von diesen Terroristen brutal behandelt und getötet wurden, haben selbst die apathischsten unter uns aufgerüttelt. In den Nachrichten wurde detailliert geschildert, wie der Islamische Staat mehr und mehr die Kontrolle über wichtige Gebiete im Nahen Osten gewann. Wie kann so etwas in einer so zivilisierten und hochkultivierten Welt passieren?

So stark wie Präsident Obamas Worte auch gewesen sein mögen, sie haben nicht alle unsere Fragen beantwortet ... oder alle unsere Ängste genommen. Des Weiteren lässt der Versuch der Medien, einen Sinn in dem Ganzen zu finden, die meisten Menschen verwirrt und benommen zurück. Und unsere Fragen bleiben weiterhin unbeantwortet. Woher kommt eine Gruppe wie diese? Und wie kann sie aufgehalten werden?

Der Islamische Staat hat gedroht, seine Soldaten zum Angriff auf Grossbritannien, die Vereinigten Staaten und andere Länder auszusenden. Wann werden sie in meiner Nachbarschaft auftauchen? Sind sie vielleicht schon da?

Angst ernährt sich von fehlendem Verständnis und einer Unkenntnis der Wahrheit. Daher ist es so wichtig, dass jeder den Ursprung und die Motive des Islamischen Staates kennt und bestens auf eine ungewisse Zukunft vorbereitet ist.

Wie alles begann

Um den Aufstieg des IS zu verstehen, müssen wir hundert Jahre zurückgehen. Unsere Reise führt uns nach Europa in die dunklen Tage des Ersten Weltkriegs, der «Krieg, der alle Kriege beenden sollte».[3] Das Geschehen an der Front beherrschte die Nachrichten, aber politische Intrigen und wechselnde Allianzen schlichen sich durch die Flure der Macht in London, Paris und Moskau. Verträge und Geheimabkommen wurden geschmiedet, die unwissentlich Probleme schufen, die erhebliche Auswirkungen auf den Nahen Osten in den nächsten hundert Jahren haben sollten ... und zum Aufstieg des Islamischen Staates führten.

Im Ersten Weltkrieg kämpften die Alliierten (Grossbritannien, Frankreich, Russland und später die Vereinigten Staaten) gegen die Mittelmächte (Deutschland, Österreich-Ungarn und das Osmanische Reich). Der Konflikt konzentrierte sich auf Europa und entwickelte sich schnell zu einem brutalen Zermürbungskrieg, der letzten Endes das Leben von neun Millionen Soldaten und sieben Millionen Zivilisten forderte.

Technische Fortschritte erhöhten die Zahl der Toten und Verwundeten um ein Vielfaches, da beide Seiten leistungsstärkere und effektivere Waffen entwickelten, inklusive U-Boote, Flugzeuge und Giftgas.

Die Alliierten mussten einen Weg finden, die Pattsituation in den europäischen Schützengräben zu beenden. Sie entschieden sich für die Lösung, Istanbul anzugreifen (Teil der heutigen Türkei), die Hauptstadt des Osmanischen Reiches. Wenn sie das Osmanische Reich zu Fall bringen könnten, wären sie imstande, die verbliebenen Mittelmächte von allen Seiten anzugreifen. Es war ein brillanter Plan, der aber leider schlecht ausgeführt wurde. Er scheiterte, und der Krieg zog sich in die Länge. An diesem Punkt trafen die Alliierten das erste von drei entscheidenden Abkommen, die den Lauf des Nahen Ostens schliesslich veränderten.[4]

Ein Versprechen an die Araber

1962 begeisterte Peter O'Toole die Kinobesucher, als er in *Lawrence von Arabien* durch die Arabische Wüste ritt. Der Film ist eine höchst dramatisierte, aber im Kern wahre Geschichte darüber, wie der britische Armeeoffizier T. E. Lawrence die Araber bestärkte, sich auf die Seite der Briten zu stellen und gegen das Osmanische Reich zu kämpfen. Lawrence führte den Angriff der arabischen Streitkräfte auf den Hafen von Akaba an. Ausserdem versuchte er, britische Entscheidungsträger davon zu überzeugen, dass eine arabische Unabhängigkeit zum Nutzen Englands wäre.

Um sich die Unterstützung der Araber zu sichern, schrieb der britische Hochkommissar in Ägypten, Sir Henry McMahon, einen Brief an Abdullah bin al-Hussein, der später der erste König des Haschemitischen Königreichs Jordanien wurde. In diesem Brief brachte McMahon die britische Zustimmung zu einem unabhängigen arabischen Staat zum Ausdruck, der sich über den grössten Teil des Nahen Ostens erstreckt. «Im Namen der Regierung Grossbritanniens bin ich ermächtigt, die folgende Zusicherung zu geben und Ihnen auf Ihren Brief zu antworten: Unter dem Vorbehalt der oben genannten Modifikationen ist Grossbritannien bereit, die Unabhängigkeit der Araber innerhalb der vom Scherifen von Mekka vorgeschlagenen territorialen Grenzen anzuerkennen und zu unterstützen.»[5]

T. E. Lawrences persönliche Bemühungen und der Brief des britischen Hochkommissars überzeugten die Araber, sich gegen das Osmanische Reich auf die Seite der Briten zu stellen. Die Würfel waren gefallen, das Versprechen gegeben. Die Araber nahmen das britische Versprechen für bare Münze, sie für ihre Unterstützung mit der Unabhängigkeit und der rechtmässigen Kontrolle über den grössten Teil des Nahen Ostens zu belohnen.

Ein Versprechen an die Juden

Im Ersten Weltkrieg standen die Briten vor vielen Problemen. Deutsche U-Boote patrouillierten die Gewässer um Grossbritannien und drohten, die Seewege abzuschneiden, die die Lebensader der Insel darstellten. Ausserdem schnitten die Deutschen den britischen Zugang zu Azeton ab, ein Lösungsmittel, das zur Produktion von Kordit verwendet wurde, dem Haupttreibstoff in Kugeln und Granaten. Da die Deutschen die Herstellung von Azeton kontrollierten, mussten die Briten einen anderen Weg finden. Sie hätten den Krieg durchaus verlieren können, hätte nicht der jüdische Chemiker Chaim Weizmann einen Fermentierungsprozess entwickelt, der es den Briten ermöglichte, ihr eigenes Azeton zu produzieren.

Weizmann war für Grossbritannien der richtige Mann zur richtigen Zeit und, so schien es, auch für das jüdische Volk. Er war nicht nur Chemiker, sondern gehörte auch zu den führenden Personen des Zionismus in Grossbritannien, einer Bewegung, die sich der Gründung eines jüdischen Staates oder einer Heimstätte in Palästina verschrieben hatte. Seine Entdeckung brachte ihm die Aufmerksamkeit von David Lloyd George (Munitionsminister) und Arthur Balfour (Stabschef der Marine) und verschaffte ihm eine äusserst einflussreiche Position. Die drei schlossen Freundschaft, die auch noch Bestand hatte, nachdem Lloyd George Premierminister und Balfour Aussenminister wurden.

Weizmann schlug beiden Männern vor, dass eine dauerhafte jüdische Heimstätte in Palästina viele Vorzüge hätte. Sie würde der dort bereits lebenden jüdischen Bevölkerung Sicherheit gewähren und den Juden, die den kriegsgebeutelten Lebensverhältnissen in Osteuropa zu entkommen versuchten, einen Zufluchtsort geben. Eine jüdische Heimstätte würde auch den anderen Völkern im Nahen Osten von Nutzen sein, da sie das moderne europäische Leben und wissenschaftliche Fortschritte in eine ansonsten rückständige Region der Welt brächte. Und, fügte er hinzu, die Ankündigung einer jüdischen Heimstätte könnte auch helfen, Amerika davon zu überzeugen, sich den Kriegsbemühungen der europäischen Alliierten anzuschliessen.

Weizmann erwies sich als überzeugend.

Am 2. November 1917 sandte Arthur Balfour einen Brief an Baron Rothschild, eine weitere Führungsperson der jüdischen Gemeinschaft in Grossbritannien, in welchem er detailliert die offizielle britische Stellung zur Errichtung einer dauerhaften jüdischen Heimstätte in Palästina darlegte. «Die Regierung Seiner Majestät befürwortet die Errichtung einer nationalen Heimstätte für das jüdische Volk in Palästina und wird seine besten Bemühungen aufwenden, um dieses Ziel zu erreichen. Dabei versteht es sich von selbst, dass nichts unternommen werden sollte, was die zivilen und religiösen Rechte von existierenden nicht jüdischen Gemeinschaften in Palästina oder die Rechte und den politischen Status der Juden in irgendeinem anderen Land beeinträchtigen könnte.»[6]

In Palästina und auf der ganzen Welt freuten sich die Juden und warteten mit Spannung auf das Kriegsende, wenn Grossbritannien sein Versprechen einlösen würde. Unglücklicherweise hatten die Briten nun Teile desselben Landes an Araber und Juden versprochen. Um es noch schlimmer zu machen, Grossbritannien hegte kaum die Absicht, eines der beiden Versprechen zu erfüllen.

Das Geheimabkommen zwischen den Alliierten

Stellen Sie sich vor, Sie verkaufen dasselbe Haus an zwei verschiedene Familien – sie machen beiden Versprechungen, die sich gegenseitig ausschliessen und unmöglich zu erfüllen sind. Genau das aber wurde mit dem Land Palästina gemacht. Es wurde den Juden und den Arabern versprochen, während beide Gruppen bereits alte und sogar prophetische Ansprüche auf dieses Territorium hatten.

Grossbritanniens doppeltes Versprechen an Araber und Juden ist teilweise verantwortlich für viele Missverständnisse im Nahen

Osten. Aber es war das dritte Abkommen – das die Alliierten hofften, geheimhalten zu können –, das hauptverantwortlich für die heutige Krise im Nahen Osten ist und letzten Endes für den Aufstieg des Islamischen Staates.

Grossbritannien und Frankreich trafen die Entscheidung, den Nahen Osten stillschweigend unter sich aufzuteilen!

Im Mai 1916 kamen Briten, Franzosen und Russen zu einer Übereinkunft. Sollten sie das Osmanische Reich besiegen, planten sie, es unter sich aufzuteilen, wobei der grösste Teil des Territoriums an Briten und Franzosen fallen sollte. Das Abkommen sollte geheim bleiben. Aber nach der Russischen Revolution im Jahr 1917 veröffentlichte die neue kommunistische Regierung alle Dokumente, um Briten und Franzosen blosszustellen.

«Viele Nationen im Nahen Osten sind durch den Ersten Weltkrieg entstanden und ihre Grenzen wurden von Europäern festgelegt. Und das sehr schlecht. In den Konflikten im Nahen Osten sehen wir heute die Konsequenzen, die sich daraus ergeben haben.»

Richard Engel
NBC Nightly News[7]

Das Sykes-Picot-Abkommen teilte einen Grossteil des Nahen Ostens in britische und französische Einflussgebiete auf. Das Abkommen, das nach dem Ersten Weltkrieg im Jahr 1920 auf der Konferenz von San Remo grösstenteils übernommen wurde, hob vieles auf oder veränderte das, was Arabern und Juden versprochen worden war. Mehr als alles andere veränderte dieses Abkommen die Landschaft des Nahen Ostens auf zweierlei Weise.

Kolonialeinfluss und westliche Ideale

Erstens legte das Sykes-Picot-Abkommen die Grundlagen für einen aggressiven europäischen Kolonialeinfluss im Nahen Osten. Jedem Land wurde gestattet, direkte oder indirekte Kontrolle über das ihm zuerkannte Einflussgebiet auszuüben. Grossbritannien wollte ein Territorium kontrollieren, das ihm freien Zugang zu den Ölreserven am Persischen Golf und seinen Kolonialgebieten in Indien gewähren würde. Frankreich wollte anfangs einen Zugang zu den Ölfeldern in der Umgebung von Mossul, dann aber gaben sie sich mit Grosssyrien zufrieden, zusammen mit einem Hauptanteil an der Turkish Petroleum Company. Diese Einflussgebiete sind der Grund dafür, dass Französisch (nach Arabisch) die am zweithäufigsten gesprochene Sprache im Libanon und in Syrien ist. In Jordanien, Saudi-Arabien und im Irak ist es Englisch.

Der zweite Grund, warum das Sykes-Picot-Abkommen alle nachfolgenden Ereignisse im heutigen Nahen Osten beeinflusste, war der Versuch, einer Region, die von ethnischen und religiösen Loyalitäten bestimmt wurde, westliche Idealvorstellungen von Nation und Nationalismus aufzuerlegen. Schauen Sie sich die folgende Landkarte des Nahen Ostens unter dem Titel «Die durch das Sykes-Picot-Abkommen festgelegten Grenzen im Nahen Osten» genau an. Viele Grenzen zwischen Syrien, Jordanien, Irak und Saudi-Arabien sind kaum mehr als gerade Linien auf einer Landkarte. Die Grenzen dieser Länder wurden von europäischen Kartografen gezogen, ohne oder nur mit wenig Rücksicht auf geografische oder ethnische Grenzen – die feinen Unterschiede zwischen Religions- oder Stammesgruppen wurden vollkommen ausser Acht gelassen. Kurz gesagt, so wurden absolut künstliche Staaten geschaffen, eine Voraussetzung für endlose Konflikte und zunehmende Frustration gegenüber dem Westen.

Die durch das Sykes-Picot-Abkommen festgelegten Grenzen im Nahen Osten

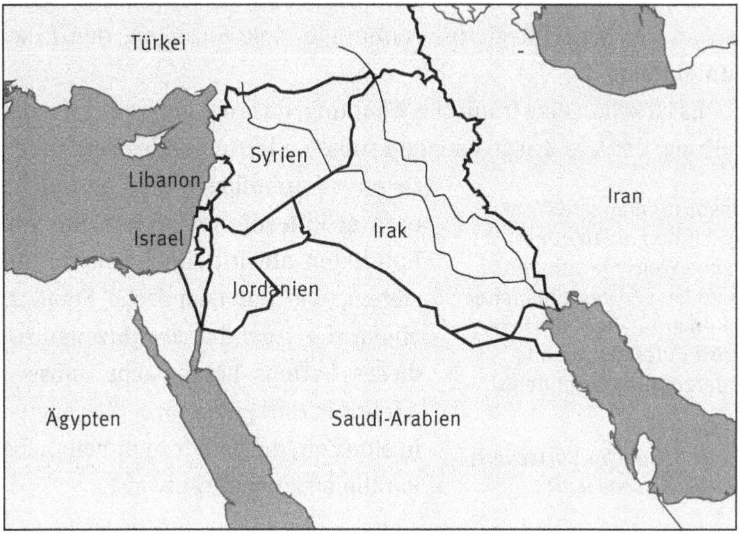

Ein ausgezeichnetes Beispiel ist der Irak. Die meisten von uns sind mit der Annahme aufgewachsen, dass es schon immer ein Land namens Irak gegeben haben muss. Das stimmt aber nicht. Vor dem Ersten Weltkrieg war die Region unter dem Osmanischen Reich in drei separate Provinzen eingeteilt, von denen jede nach einer bedeutenden Stadt benannt war – Mossul, Bagdad und Basra. Und jede Region wurde von einer anderen Gruppe beherrscht: die Kurden im Norden, die sunnitischen Araber in der Mitte und die schiitischen Araber im Süden.

Grossbritannien drängte darauf, die drei Provinzen im Land Irak zusammenzufassen.

Infolgedessen wurde die Region zu einem Pulverfass ethnischer Konflikte und Spannungen unter den verschiedenen Volksgruppen. Der irakische Präsident Saddam Hussein (1979–2003) führte eine von Sunniten bestimmte Regierung an, die die Kurden im Norden und die Schiiten im Süden unterdrückte. Noch vor kurzem fand unter der schiitischen Regierung von Nuri al-Maliki die Unterdrückung von Kurden und Sunniten statt. Und die sunnitische Opposition der Maliki-Regierung ermutigte viele Sunniten, den IS zu unterstützen.

Es ist schon eine ironische Wendung, dass der grosse Krieg – der «Krieg, der alle Kriege beenden sollte» – letzten Endes den Nahen Osten so umpflügte und gestaltete, dass er eine nie endende Ernte von Konflikten abwirft. Doch um zu verstehen, wie der Islamische Staat zu einem der fruchtbarsten Erzeugnisse dieses Gartens heranwuchs, müssen wir uns in die späten 1970er begeben – in eine Zeit, die geradezu unheimliche Parallelen zu heute aufweist.

«[Grossbritannien und Frankreich] schufen die heutige arabische Welt. Sie spielten Gott und liessen verstümmelte Einheiten entstehen, die fast ein Jahrhundert später auseinanderzufallen beginnen.»

Fawaz Gerges
Londoner Schule für Wirtschafts- und Politikwissenschaft

KAPITEL 2:
Der Aufstieg der Mudschaheddin

Die Geschichte hält möglicherweise nur wenige eindeutige Lektionen bereit. Aber eine von ihnen, die die Welt unter hohen Kosten gelernt hat, ist, dass eine Aggression, der kein Widerstand geleistet wird, zu einer ansteckenden Krankheit ausartet.

Präsident Jimmy Carter

In einer Ansprache an die Nation nach der sowjetischen Invasion in Afghanistan[1]

Amerika versucht mühsam, wieder auf die Füsse zu kommen, nachdem es seine Truppen aus einem langen, kontroversen Krieg nach Hause geholt hat. Eine schwankende Wirtschaft hält die Arbeitslosigkeit auf einem inakzeptablen Stand. Lebensmittel- und Benzinpreise steigen exponentiell an und belasten die ohnehin schon straffen Familienbudgets. Ein gestörtes Verhältnis zwischen dem Präsidenten und dem Kongress bedroht die Fähigkeit der Vereinigten Staaten, voranzugehen. Islamische Radikale bedrohen im Nahen Osten das Leben von US-Geiseln. Und ein aggressives Russland nutzt die Gunst der Stunde und marschiert in eines seiner Nachbarländer ein.

Das klingt in vielerlei Hinsicht wie die heutigen Schlagzeilen von Google News. Aber eigentlich beschreibt es das Jahr 1979. Dieses Jahr brachte Stagflation, eine partielle Nuklearschmelze im Reaktor von Three Mile Island nahe Harrisburg, Pennsylvania, Ayatollah Khomeini und die Iranische Revolution, das iranische Geiseldrama und die russische Invasion in Afghanistan. Und aufgrund der drei letztgenannten Ereignisse könnte 1979 auch als das Jahr in die Geschichte eingehen, das den modernen islamischen Fundamentalismus hervorgebracht hat.

Ein Jahr voller Tumulte

Der Nahe Osten raste 1979 durch Höhen und Tiefen wie eine klapprige, hölzerne Achterbahn. Im Frühjahr unterzeichneten Israel und Ägypten einen historischen Friedensvertrag, der Höhepunkt der Verhandlungen von Camp David zwischen dem damaligen US-Präsidenten Jimmy Carter, Israels Präsident Menachem Begin und dem ägyptischen Präsidenten Anwar as-Sadat. Ägypten war der erste arabische Staat, der mit Israel Frieden schloss und offiziell Israels Recht als eigenständige Nation anerkannte. Weniger als zwei Jahre später wurde Sadat von Mitgliedern des Ägyptischen Islamischen Dschihads vor den Augen der Öffentlichkeit getötet.[2]

Während Ägypten freundschaftliche Beziehungen zu Israel pflegte, betrat der Iran die Bühne. Acht Jahre nach der 2500-Jahrfeier des Persischen Reiches wurde der iranische Schah vom Thron gedrängt und eine neue islamische Theokratie unter der Leitung des obersten geistlichen Führers Ruhollah Khomeini eingeführt. Ende 1979 wählte das *Time*-Magazin Khomeini zum «Mann des Jahres». In einer ironischen Wendung folgte dieses unheilvolle Symbol islamischer Intoleranz dem im Vorjahr gewählten Anwar as-Sadat – dem Mann des Friedens.

Ein wackliger Tanz

Wären da nicht die nachfolgenden Ereignisse gewesen, hätte der Sturz des Schahs – trotz der Unruhen im Iran – für die meisten Amerikaner kaum mehr als eine unbedeutende historische Fussnote dargestellt. Zur ärztlichen Behandlung wurde es dem entthronten Schah gestattet, in die Vereinigten Staaten zu reisen, und der Iran forderte seine Auslieferung, um ihn wegen Mordes anzuklagen. Amerika weigerte sich, und mit dem Segen Khomeinis stürmte eine grosse Gruppe von iranischen Studenten die US-Botschaft und nahm 52 amerikanische Diplomaten und Bürger 444 Tage als Geiseln.

Amerika hielt den Atem an. Wer waren diese Leute? Wie konnten sie unsere Sicherheit gefährden? Und warum hassten sie uns so? Die Amerikaner waren verwirrt, wütend und unter Schock. Das iranische Geiseldrama – und ein misslungener Befreiungsversuch – machten die Hilflosigkeit der damaligen Regierung deutlich. Dieses Debakel der Regierung Carter trug zu Ronald Reagans kolossalem Sieg über Jimmy Carter bei der Präsidentschaftswahl von 1980 bei.

«Hören Sie nicht auf jene, die von Demokratie reden. Sie sind alle gegen den Islam. Sie wollen die Nation von ihrem Auftrag abbringen. Wir werden all die Giftfedern jener zerbrechen, die von Nationalismus, Demokratie und derartigen Dingen reden.»

Ayatollah Ruhollah Khomeini[3]

Während sich der Iran dem religiösen Fundamentalismus zuwandte, kam der Irak einer anderen Art von Extremismus immer näher. 1979 übernahm Saddam Hussein offiziell die absolute Kontrolle über den Irak. Die aus der philosophischen Asche des Nationalsozialismus auferstandene Baath-Partei, ein Stiefkind der Nazis, war die herrschende Partei im Irak. Im folgenden Jahr marschierte Hussein in den Iran ein und begann den acht Jahre dauernden Iran-Irak-Krieg. Der heikle Tanz hielt an, als die Vereinigten Staaten den Irak stillschweigend unterstützten, um ein Gegengewicht zur aufkommenden iranischen Bedrohung zu bilden. Zwei Jahre nach Ende des Iran-Irak-Kriegs fiel Hussein dann in Kuwait ein.

Das Jahr 1979 ging weiter. Im Dezember überraschte die Welt ein letztes Ereignis. Und eine seiner unbeabsichtigten Folgen war das Aufkommen des islamischen Dschihads, der letzten Endes zur Entstehung von ISIS führte. Während sich die Welt auf das Geschehen im Nahen Osten konzentrierte, drangen über tausend Kilometer östlich von Teheran sowjetische Soldaten in Afghanistan ein und begannen einen neun Jahre dauernden Besatzungskrieg.

«[Amerikaner] sind dumm. Sie verstehen rein gar nichts in dieser Welt. Sie verreisen nie. Sie wissen nichts über das, was ausserhalb ihrer kleinen Welt liegt.»

Saddam Hussein
Irakischer Präsident[4]

Zu jener Zeit war die grösste Angst der westlichen Welt eine weitere sowjetische Expansion. Direkt nach Neujahr 1980 sprach Präsident Carter zum Volk über seine Befürchtungen. Der sichtlich erschütterte und bestürzte Präsident bezeichnete die sowjetische Invasion als «eine äusserst ernste Bedrohung für den Frieden, da eine weitere sowjetische Expansion in benachbarte Länder in Südwestasien nicht auszuschliessen ist und eine solch aggressive Militärstrategie auch andere Völker auf der Welt verunsichert».[5] Niemand konnte wissen, dass die Sowjetunion in weniger als einem Jahrzehnt gezwungen wäre, sich aus Afghanistan zurückzuziehen

Frohe Weihnachten

Frohe Weihnachten und
ein gesegnetes Jahr 2016

Liebe Grüße +
Gottes Segen
Stefan + Team

*Gottes Liebe zu uns ist für alle sichtbar geworden,
als er seinen einzigen Sohn in die Welt sandte,
damit wir durch ihn leben können.*

1. Johannes 4,9

und eine demoralisierende militärische Niederlage erleben würde. Zwei Jahre später brach die Sowjetunion dann zusammen.

Auch der Westen machte den Fehler und erkannte nicht, dass die Armee der Mudschaheddin, der islamischen Guerillakämpfer, die die sowjetischen Streitkräfte schliesslich bezwangen, eines Tages zu einer Bedrohung werden sollte.

Die Geburt von Zwillingen – und Amerikas meistgesuchter Mann

Die «Geburt» des islamischen Fundamentalismus in der Neuzeit ist bis zu den Tumulten von 1979 zurückzuführen. Aber eigentlich war es die Geburt von Zwillingen. Das erste Kind, der *schiitische Fundamentalismus*, bekam bei seinem Auftreten grosse Aufmerksamkeit von der Presse. Diese Art von staatlich unterstütztem islamischen Fundamentalismus entstand im Iran, als der Schah ins Exil floh und Khomeini triumphierend zurückkehrte. Am 1. April 1979 wurde ein nationales Referendum zur Schaffung einer theokratisch-republikanischen Verfassung abgehalten – für die Welt war das der ultimative Aprilscherz. Diese schiitisch-theokratische Art des islamischen Fundamentalismus wurde von einer überwältigenden Mehrheit der Iraner in zwei Gesetzen verankert. Und sie bestehen bis heute.

Das zweite in diesem Jahr geborene Kind hatte einen weniger beachteten Beginn. Der sunnitische Fundamentalismus existierte schon eine Zeitlang in verschiedenen Ländern. Eine sunnitische Gruppierung, der Ägyptische Islamische Dschihad, sollte 1981 Anwar as-Sadat ermorden. Und im darauffolgenden Jahr initiierte eine weitere Gruppe, die Muslimbruderschaft, einen Aufstand gegen Hafis al-Assad in Hama, Syrien.

In vielerlei Hinsicht wurde der ursprüngliche Vorläufer von Al-Qaida und dem Islamischen Staat aber während der russischen Besatzung Afghanistans geboren. Als Reaktion auf die russische

Invasion bildeten sich in Afghanistan, Pakistan und einer Reihe anderer arabischer Länder verschiedene Gruppen, um die «gottlosen Eindringlinge» zu vertreiben. Schon bald wurden diese Kämpfer Mudschaheddin genannt. Den meisten Menschen im Westen ist die Bedeutung des Namens entgangen, aber es stammt von dem Wort *Dschihad* ab. Die Mudschaheddin waren die, *die den Dschihad ausübten.*

Die Vereinigten Staaten unterstützten diese heiligen Krieger mit Waffen und Geld, weil die grösste Bedrohung in ihren Augen damals die Sowjetunion war. Der Film *Der Krieg des Charlie Wilson* dramatisierte die Bemühungen des demokratischen Kongressabgeordneten Charlie Wilson aus Texas und seine wilde Entschlossenheit, sich die Finanzierung der CIA zu sichern, um moderne Waffen für die afghanischen Kämpfer zu kaufen. Als er darauf angesprochen wurde, beschrieb er seinen Besuch in einem afghanischen Krankenhaus, in dem Kinder behandelt wurden, die von russischen Minen verstümmelt wurden. «Ich habe diese Krankenhäuser mit dem Entschluss verlassen – solange ich atme und ein Kongressmitglied bin –, alles in meiner Macht Stehende zu tun, um die Sowjets für ihre Taten büssen zu lassen.»[6]

Amerikas fragwürdige Finanzierung der Mudschaheddin, sowohl unter Carter als auch Reagan, machte aus Afghanistan Russlands Version von Vietnam – einen kostspieligen und unpopulären Krieg, der letztlich zum Niedergang der Sowjetunion beitrug. Hinter der amerikanischen Strategie steckte zu jener Zeit die Philosophie, dass «der Feind meines Feindes mein Freund ist». Russland hatte dem Vietkong Waffen geliefert und die Vereinigten Staaten den Mudschaheddin. Doch nachdem sich Russland erst einmal aus Afghanistan zurückgezogen hatte, verschwand Amerikas Interesse an dem Land. Ohne Weitblick und Verantwortung liess die USA gut bewaffnete, aber zersplitterte Gruppen von islamischen Kämpfern zurück, die die Scherben aufsammelten, die Ordnung wiederherstellten und das Land wieder aufzubauen versuchten. Und einer dieser Mudschaheddin-Kämpfer war ein junger, reicher und radikaler Saudi, dessen Name zu einem Begriff und zu Amerikas meistgesuchtem Verbrecher werden sollte.

Sein Name war Osama bin Laden.

KAPITEL 3:
Die Punkte verbinden

Unsere Aufgabe, Ihre Aufgabe ... ist es, die Punkte möglichst miteinander zu verbinden, bevor etwas passiert, nicht danach. Die Leute sagen: «Wo ist denn der schlagende Beweis?» Wir wollen den schlagenden Beweis von einer Massenvernichtungswaffe erst gar nicht sehen.

Donald Rumsfeld
US-Verteidigungsminister[1]

Man kann die Punkte nicht miteinander verbinden, indem man vorausschaut, sondern nur im Rückblick.

Steve Jobs
Gründer der Firma Apple[2]

Die meisten von uns haben schon einmal «von Punkt zu Punkt» oder «Punkte verbinden» gespielt. Was als leere Seite mit einer anscheinend willkürlichen Reihe von Punkten beginnt, wird zu einem Gesicht oder einer Blume, wenn wir die nummerierten Punkte mit Linien verbinden. «Punkte verbinden» ist zu einer Metapher für unsere Fähigkeit geworden, bedeutsame Verbindungen zwischen scheinbar willkürlichen Ereignissen oder Objekten herzustellen, die es uns ermöglichen, ein Gesamtbild zu erkennen.

Eine kompliziertere Variante dieses Spiels könnte es sein, die Stammbäume von Vollblutpferden zurückzuverfolgen. Bei Pferderennen ist es eine Binsenweisheit, dass Stammbäume wichtig sind – dass ein preisgekröntes Rennpferd oft ebenso das Ergebnis von Zucht wie von Training ist. Aus diesem Grund legen Leute, die sich mit Pferderennen beschäftigen, so viel Wert auf den Stammbaum eines Pferdes. Um vorherzusehen, wie schnell ein Pferd rennen kann, schauen sie sich seine Familiengeschichte an und versuchen, die genetischen Punkte von ehemaligen Champions miteinander zu verbinden.

Um den Islamischen Staat zu verstehen, müssen wir eine ähnliche Methode wählen und die Punkte in seiner Vorgeschichte verbinden.

Punkt 1: Die Mudschaheddin

In den 1970ern befand sich Afghanistan ähnlich wie heute in einem politischen Chaos. Nach vier Jahrzehnten an der Macht wurde der afghanische König von seinem Cousin entthront, der sich selbst zum ersten Präsidenten des Landes ernannte. Fünf Jahre später wurde dieser neue Herrscher durch einen Militärputsch gestürzt und getötet. Die neue Regierung beabsichtigte, aus Afghanistan ein sozialistisches Land zu machen. Sie änderten die Fahne, um die der Sowjetunion widerzuspiegeln, und begannen, sozialistische Reformen einzuleiten.

Die Reaktion der meisten Afghanen – die auf dem Land lebten und konservativ und islamisch waren – war äusserst negativ. Sie rebellierten gegen diese säkulare Regierung, die sie als kaum mehr als eine Marionette ansahen, deren Fäden von Moskau gezogen wurden. Aufgrund wachsender Furcht vor Russlands fortwährender Einmischung begannen die Vereinigten Staaten nach Wegen zu suchen, wie sie die Rebellen mit Waffen versorgen konnten.

Schon bald befand sich das ganze Land im Aufstand gegen die kommunistische Regierung, die wiederum Moskau um Hilfe ersuchte. Diese Hilfe kam im Dezember 1979. In den nächsten acht Jahren führten die Russen einen zunehmend verzweifelten Krieg gegen eine wachsende islamische Bewegung. Doch wer waren diese Dschihadisten, die sich erhoben, um Afghanistan von den «sowjetischen Ungläubigen» zu säubern?

Im Westen nannte man sie Mudschaheddin und afghanische Freiheitskämpfer. Manche erkannten Parallelen zu den amerikanischen Siedlern, die sich im Revolutionskrieg gegen die Briten erhoben. Was zu jener Zeit weniger gesehen wurde, war die starke religiöse Motivation der Mudschaheddin. Sie kämpften nicht für «Freiheit» in dem Sinne, wie die meisten Leute im Westen dieses Wort verstehen. Stattdessen kämpften sie, um die gottlosen Sowjets aus ihrem Land zu vertreiben und einen konservativen Islam und das Recht der Scharia wiedereinzuführen.

Die meisten Mudschaheddin kamen aus verschiedenen Stammesgruppen in Afghanistan. Aber auch Freiwillige aus anderen muslimischen Ländern schlossen sich ihnen an. Einer von ihnen war Osama bin Laden, der Sohn eines milliardenschweren Geschäftsmannes aus Saudi-Arabien. Obwohl er erst Anfang zwanzig war, errichtete er ein Lager, um Waffen, Geld und Kämpfer nach Afghanistan zu schleusen. Dabei floss auch sein eigenes Kapital in die Unterstützung dieser Mission.

Ab 1988 zogen sich die russischen Streitkräfte aus Afghanistan zurück. Die Mudschaheddin hatten ihr Ziel erreicht und die Ungläubigen aus dem Land getrieben! Die folgenden Ereignisse führen uns zum nächsten Punkt dieses verwirrenden Puzzles.

Punkt 2: Die Taliban

Afghanistan war nun von der sowjetischen Vorherrschaft befreit, aber noch immer befand sich das Land in einer Krise. Die Mudschaheddin waren keine einheitliche Armee, ebenso wenig wurden sie von einer Zentralregierung kontrolliert. Die vielen verschiedenen Gruppen von Dschihadisten kämpften für den Islam, aber letzten Endes blieben sie ihren eigenen Clans oder Stämmen treu. Sie hatten den Krieg gewonnen, aber die unterschiedlichen Warlords fingen nun an, sich gegenseitig zu bekämpfen. Diese kriegsmüde Nation schien unfähig, einen Weg zum Frieden zu finden. Die Taliban kamen an die Macht, um Afghanistan unter dem Banner des Islams zu vereinen.

Der Ursprung des Wortes *Taliban* ist ebenso verwirrend wie die Gruppe, die es beschreibt. Es ist das paschtunische oder afghanische Wort für «Schüler». Während der russischen Invasion flohen Tausende von afghanischen Männern nach Pakistan, wo sie in Islamschulen belehrt wurden. Sie wurden *Schüler* einer sehr strengen Auslegung des Islams. Und ihr Gründer und geistlicher Führer war Mohammed Omar.

Mohammed Omar kämpfte mit den Mudschaheddin gegen die Sowjetunion und war als furchtloser und harter Kämpfer bekannt. Er wurde vier Mal im Kampf verwundet und verlor dabei ein Auge. Er reiste zu einer Madrasa, einer Religionsschule, nach Pakistan, wo er anfangs Schüler und später Lehrer war. Nach dem Krieg

«Mein Treuegelübde an den Emir der Gläubigen [Mullah Omar] ist das grosse Treuegelübde, das in den Kapiteln des Korans und den Geschichten der Sunna erwähnt wird. Jeder Muslim sollte dem Emir der Gläubigen, Mullah Mohammed Omar, seinen Verstand und sein Herz und sein Treuegelübde geben, denn dies ist das grosse Gelübde.»

Osama bin Laden[3]

«Ich denke an zwei Versprechen. Das eine ist das Versprechen Allahs, das andere von Bush. Allahs Versprechen sagt mir, dass mein Land riesig gross ist. ... Bushs Versprechen ist, dass es keinen Ort auf der Erde gibt, wo ich mich verstecken kann, ohne dass er mich findet. Wir werden sehen, welches Versprechen eingelöst wird.»

Mohammed Omar,[4] 2001

ging Omar zurück nach Afghanistan und gründete dort eine Schule.

Omars Wandel vom Lehrer zum Talibanführer umgibt ein Geheimnis. Einige sagen, er hatte einen Traum, in dem eine Frau ihm mitteilte, dass es sein Schicksal wäre, das Chaos zu beenden. Eine andere Legende ist, dass er eine kleine Gruppe von Anhängern in den Kampf gegen einen lokalen Warlord führte, weil ein Kind auf brutale Weise sexuell ausgebeutet wurde. Eine weniger ehrbare Geschichte sagt, die Gruppe habe sich erhoben, um eine wichtige Route für eine Ölpipeline unter ihre Kontrolle zu bringen. Doch was immer den Wandel vom Lehrer zum radikalen Führer auch auslöste, Mohammed Omar änderte sich schnell.

Anfangend im Jahr 1994 mit einer kleinen, aber loyalen Schar von Anhängern, besiegte Omar rasch mehrere Warlords. Andere schlossen sich ihm an, und 1996 nahm er den Titel Emir des Emirats Afghanistan an. Omar wollte das Land nach seiner persönlichen Vorstellung eines idealen islamischen Staates verändern – ein Staat, in dem Frauen keinen Zugang zu Bildung haben und sich mit einer Burka verhüllen müssen, ein Land, in dem das Recht der *Scharia* über allem steht und antike Buddhastatuen als Götzen zerstört werden müssen.

In dem Jahr, in dem Mohammed Omar die Kontrolle übernahm, zog ein prominenter Gast zurück nach Afghanistan: Osama bin Laden. Er schwor Mohammed Omar seine Treue, ein Gelübde, das er 2001 öffentlich ablegte. Sein Treueschwur, bekannt als *bay'at*, wird vom Koran als ein Treuegelübde angesehen, das so bindend ist, als wäre es Allah selbst gegeben worden.[5] Dieser Treueeid an Mohammed Omar wurde 2014 von Aiman al-Zawahiri, der bin Laden als Kopf von Al-Qaida ersetzte, bestätigt.

Die US-amerikanische Invasion Afghanistans begann im Oktober 2001, nachdem sich die Taliban geweigert hatten, Osama bin Laden nach den Terroranschlägen vom 11. September auszuliefern. Mohammed Omar war gezwungen, nach Kabul zu fliehen und sich dort zu verstecken. Die Vereinigten Staaten setzten eine Belohnung in Höhe von 10 Millionen Dollar auf seinen Kopf aus. Aber Amerika konnte ihn bis heute nicht fassen. Wir wissen nicht einmal, ob er noch lebt oder wo er sich verbergen könnte.

Die Taliban stellen nach wie vor eine Bedrohung für die momentan herrschende Regierung Afghanistans dar. Aber die Taliban führen uns zum nächsten Punkt, den wir verbinden müssen, um den Islamischen Staat zu verstehen.

Punkt 3: Al-Qaida

Manchmal kommen bei einem «Punkt-zu-Punkt»-Bild Linien zustande, die auf dem Blatt zunächst im Zickzackkurs zu verlaufen scheinen. Erst später bilden diese scheinbar willkürlichen Linien ein Blütenblatt, den Zweig eines Baumes oder eine Löwenmähne. Um den nächsten Punkt in unserem Bild zu verbinden, müssen wir zurück in den August 1990 gehen, als Saddam Hussein in Kuwait eindrang.

Weniger als drei Jahre, nachdem die «gottlosen Sowjets» aus Afghanistan vertrieben wurden, tauchte am Horizont eine noch grössere Bedrohung für den Islam auf. Als die Panzer von Saddam Hussein nach Kuwait hineinrollten, hielt ein Grossteil des Westens das für eine brutale Invasion durch einen modernen Despoten, der die Kontrolle über 25 Prozent der weltweit bekannten Ölreserven zu erlangen versuchte. Saudi-Arabien betrachtete es als eine Bedrohung seiner Existenz und öffnete sein Königreich für die von den Vereinigten Staaten angeführten Koalitionstruppen.

Osama bin Laden sah in der Truppenmassierung in Saudi-Arabien eine weitere Invasion eines muslimischen Landes durch öldurstige westliche Kreuzritter. Und diese Invasion geschah in einem Land, in dem zwei der drei heiligsten Städte des Islams lagen. Er musste den Nahen Osten von diesen westlichen Ungläubigen säubern.

Osama bin Laden steht gleichbedeutend für Al-Qaida, so wie Bill Gates mit Microsoft und Steve Jobs mit Apple identifiziert werden. Und das ist wirklich ein berechtigter Vergleich, da Osama bin Laden die treibende Kraft hinter Al-Qaida war. Aber ihre Wurzeln gehen auch auf Afghanistan und die Mudschaheddin zurück.

Al-Qaida bedeutet auf Arabisch «die Basis», und der Name entstand in bin Ladens Zeit in Afghanistan. Die Kämpfer dort nannten ihr Ausbildungslager «die Basis», so wie ein Angehöriger der Streitkräfte heute seinen Hauptstützpunkt als seine «Basis» bezeichnen könnte. Bin Laden begann mit Al-Qaida offiziell 1988, dem Jahr, als die Sowjets aus Afghanistan abrückten, und kurze Zeit später ging er zurück nach Saudi-Arabien. Der Aufmarsch der alliierten Truppen in Saudi-Arabien machte die Herrscher des Landes weit weniger tolerant gegenüber einem religiösen Aufwiegler, der gegen Amerika predigte. Deshalb verliessen bin Laden und seine Anhänger das Land 1992 wieder, um Operationen im Sudan einzuleiten. Doch nach einem fehlgeschlagenen Versuch von Al-Qaida, den ägyptischen Präsidenten zu ermorden, übte Ägypten Druck auf den Sudan aus, und bin Laden musste seine Operationsbasis ein weiteres Mal verlegen. Er suchte sich einen Ort aus, von dem er wusste, dass er willkommen sein würde: Afghanistan.

Es war an der Zeit für Al-Qaida, seinen Feldzug gegen die «Kreuzritter» und die Juden zu starten, um sie aus dem Nahen Osten zu vertreiben.

Vor dem 11. September 2001 wussten nur wenige Amerikaner etwas über Osama bin Laden oder Al-Qaida. Der Fokus lag auf dem Iran oder Irak und kurzen Abschnitten staatlich unterstützter Aggression. Ausser Flugzeugentführungen oder vereinzelten terroristischen Aktivitäten glaubten die meisten Leute in der amerikanischen Regierung nicht, dass Terrororganisationen in der Lage wären, einen grossen Angriff auf die Vereinigten Staaten zu starten. Doch wir hätten aufmerksamer sein sollen. Al-Qaida wurde immer aktiver, aggressiver und effektiver. Und ihr Hauptziel waren die Vereinigten Staaten.

«Die Entscheidung, die Amerikaner und ihre – zivilen und militärischen – Verbündeten zu töten, ist eine persönliche Pflicht für jeden Muslim, der dies in jedem Land tun kann, in dem es möglich ist, um die Al-Aksa-Moschee und die heilige Moschee aus ihrem Griff zu befreien, und damit ihre Armeen aus allen islamischen Ländern abziehen, besiegt und unfähig, auch nur einen Muslim zu bedrohen.»

Osama bin Laden
Fatwa veröffentlicht 1998

1995 liess Al-Qaida in Saudi-Arabien eine Autobombe detonieren, die fünf Amerikaner tötete. Im Jahr 1998 gingen dann Bomben in den US-Botschaften in Kenia und Tansania in die Luft, wobei mehr als 200 Menschen getötet und mehr als 5000 verletzt wurden. Im selben Jahr veröffentlichte bin Laden eine religiöse *Fatwa* (eine verbindliche religiöse Rechtsschrift), in der er Muslime auf der ganzen Welt aufrief, Amerikaner zu töten, wo sie nur konnten.[6]

Al-Qaida wurde immer anspruchsvoller und immer tödlicher. Im Januar 2000 versuchten sie die USS *The Sullivans* anzugreifen, scheiterten aber. Im Oktober 2000 hatten sie Erfolg mit einem Bombenanschlag auf die USS *Cole*, bei dem siebzehn Matrosen getötet und weitere 39 verwundet wurden. Und dann kam der 11. September 2001. Plötzlich wusste jeder, wer Osama bin Laden und Al-Qaida waren. Das Spiel hatte sich verändert.

Punkt 4: Al-Qaida im Irak

Praktisch jeder kennt Al-Qaida, aber die meisten verstehen nicht wirklich, wie diese Gruppe funktioniert. Al-Qaida begann mit einer zentralisierten Führung unter Osama bin Laden. Und die Angriffe von 2000 und 2001 zeigten, dass Al-Qaida eine hoch entwickelte

Organisation war, die komplexe Terroroperationen planen, organisieren, finanzieren und ausführen konnte. Aber die Invasion Afghanistans durch die Vereinigten Staaten kam Al-Qaida in die Quere. Daraufhin tauchte Al-Qaidas Führung unter und die Kommunikation wurde erschwert.

An diesem Punkt entwickelte sich Al-Qaida zu dem, was einige mit einem Franchiseunternehmen verglichen haben. In verschiedenen Regionen der Welt wurden Zweigorganisationen gegründet, die sich der übergeordneten Mission verschrieben hatten, aber zum Teil eigenständig operierten. Die neue Struktur führte zu grösserer Einsatzvielfalt unter den verschiedenen Ablegern. «Das Franchisemodell ist für das Überleben der Gruppe unverzichtbar gewesen, auch wenn das bedeutet, dass miteinander verbundene Gruppen oftmals auf sich gestellt sind und sich mehr auf lokale Kämpfe konzentrieren statt auf Angriffe auf den Westen.»[7]

Eines dieser Franchiseunternehmen war der Al-Qaida-Zweig im Irak nach dem Sturz von Saddam Hussein durch die Vereinigten Staaten im Frühling 2003. Die Macht und Kontrolle im Irak ging von den Sunniten auf die Schiiten über. Amerika verfolgte auch eine Politik der «Ent-Baathifizierung» – frühere Mitglieder von Husseins Baathpartei wurden aus Regierung und Militär entfernt. Das hatte leider zwei unbeabsichtigte Konsequenzen zur Folge. Die von Schiiten dominierte Regierung kam unter einen stärkeren Einfluss seitens des Iran. Und die Sunniten, die die Macht eingebüsst hatten, fühlten sich an den Rand gedrängt und bedroht. Sie waren die idealen «Kunden» für Al-Qaidas neustes Franchise – *Al-Qaida im Irak.*

Der Führer dieses Ablegers war Abu Musab al-Zarqawi. Er beabsichtigte, seine Organisation zur berüchtigtsten von allen zu machen. Al-Zarqawi war schon ein gesuchter Mann, bevor Amerika in den Irak einmarschierte. Er sass in einem jordanischen Gefängnis und versuchte später das Radisson-Hotel in Amman in die Luft zu sprengen. Die Möglichkeit, dass Saddam Hussein ihm im Irak Unterschlupf gewährte, war Teil der Rechtfertigung der US-Invasion im Jahr 2003. Zarqawi war der gefährlichste Geschäftsführer des skrupellosesten Al-Qaida-Zweigs.

Was unterschied Al-Qaida im Irak von anderen Al-Qaida-Unternehmen? Ihre Ziele und Methoden. Al-Qaida im Irak griff nicht nur Nichtmuslime an, sondern Amerikaner ebenso wie schiitische Muslime. Für den Sunnit Al-Zarqawi waren Schiiten islamische Ketzer und Kollaborateure der Amerikaner und Iraner gegen die Sunniten.

Al-Zarqawis Methoden waren genauso schrecklich. Seine Gruppe spezialisierte sich auf Selbstmordanschläge gegen Militärpersonen und Zivilisten und tötete Tausende durch den Einsatz von mit Sprengstoff beladenen Fahrzeugen. Al-Zarqawi führte auch eine andere schaurige Methode ein – Enthauptung als Hinrichtungsart. Al-Qaida im Irak veröffentlichte ein Video, auf dem zu sehen war, wie al-Zarqawi einen entführten amerikanischen Zivilisten enthauptete. Man nimmt an, dass er mindestens einen weiteren Menschen persönlich enthauptete.

Enthauptungen und Bombenanschläge gegen nicht sunnitische Muslime wurden zum Kennzeichen von Al-Qaida im Irak. Doch unter al-Zarqawi bewahrte die Organisation ihre Loyalität gegenüber Al-Qaida.

Nach einem brutalen 3-jährigen Terrorkampf wurde al-Zarqawi im Juni 2006 bei einem gezielten Luftangriff getötet. Der Kopf von Al-Qaida im Irak war eliminiert. Und mit dem Tod Osama bin Ladens sah es so aus, als hätten die USA den Krieg gegen Al-Qaida und seine Zweigunternehmen schliesslich gewonnen. Präsident Obama erklärte den Krieg im Irak für beendet und den in Afghanistan für fast beendet: «Ich bedanke mich bei unseren tapferen Männern und Frauen in Uniform für ihre Aufopferung und ihren Dienst, der Krieg im Irak ist beendet, der Krieg in Afghanistan geht zu Ende, Al-Qaida wurde vernichtend geschlagen und Osama bin Laden ist tot.»

Leider war Al-Qaida im Irak noch am Leben und al-Zarqawis letztendlicher Nachfolger erwies sich als noch brutaler als sein Vorgänger.

Punkt 5: Der Islamische Staat

Nach al-Zarqawis Tod befand sich *Al-Qaida im Irak* im Rückgang. Die US-Truppen im Irak und der Aufstieg der «Söhne des Irak» – sunnitische Stammesfürsten, die mit dem US-Militär zusammenarbeiteten, um die Region zu stabilisieren – brachten ein gewisses Mass an Ruhe in die Provinz Anbar. Als sich die amerikanischen Streitkräfte jedoch zurückzogen, löste die von Schiiten dominierte Regierung in Bagdad diese Gruppen leider auf und die Unzufriedenheit unter den Sunniten nahm wieder zu.

2010 hatte Al-Qaida im Irak erneut ein «Vakuum an der Spitze». Vereinte Verbände der US-amerikanischen und der irakischen Armee töteten die zwei wichtigsten Al-Qaida-Führer im Irak. Vizepräsident Joseph Biden nannte ihren Tod damals einen «potentiell verheerenden Schlag gegen Al-Qaida [im] Irak».[8] Aber der Jubel war verfrüht. Zwei Ereignisse führten dazu, dass das Krebsgeschwür Al-Qaida im Irak wieder auftauchte und sogar Metastasen bildete.

Das erste war die Ernennung von Abu Bakr al-Baghdadi im Mai 2010 zum Oberhaupt des Islamischen Staates im Irak, wie Al-Qaida im Irak genannt wurde. Al-Baghdadi war ursprünglich an der Gründung einer militanten Gruppe beteiligt, die Teil des Schura-Rats der Mudschaheddin wurde, ein Dachverband von sechs sunnitischen Islamistengruppen, die im Irak kämpften. Seine Herkunft machte ihn zu einem natürlichen Nachfolger von al-Zarqawi, so muss es zumindest für die Mitglieder von Al-Qaida ausgesehen haben.

Das zweite Ereignis waren die Aufstände des *Arabischen Frühlings* gegen etablierte Regierungen, die sieben Monate später in Tunesien ihren Anfang nahmen und sich in der arabischen Welt ausbreiteten. Im Februar 2011 wurde der ägyptische Präsident Hosni Mubarak aus dem Amt gedrängt, und im August wurde Muammar al-Gaddhafi in Libyen gestürzt. Im März 2011 begannen Proteste in Syrien, die aber nicht den Zusammenbruch der syrischen Regierung zur Folge hatten. Stattdessen begann ein blutiger, langwieriger Bürgerkrieg, der mehr als zweihunderttausend Syrer das Leben kostete und die Hälfte der Bevölkerung zu Flüchtlingen machte. Der Konflikt wurde schliesslich zu einem Kampf zwischen den Rebellengruppen der sunnitischen Mehrheit und der Regierung von Baschar al-Assad, einem mit den Schiiten verbundenen Diktator, der vom Iran und Russland gestützt wird. Diese leicht entflammbare Mischung aus religiösen und ethnischen Spannungen benötigte nur einen Funken, um alles in Brand zu setzen. Und al-Baghdadi lieferte diesen Funken.

Al-Baghdadi bewegte seine Streitkräfte vom Irak nach Nordsyrien, um sich dem Kampf gegen die syrische Regierung anzuschliessen. Er brachte den fanatischen Hass seiner Gruppe auf alle mit, die seiner Auslegung des Islams nicht folgten. Und er führte auch die brutalen Taktiken seiner Gruppe ein – Selbstmordanschläge und Enthauptungen. Während sich der Rest der Welt auf andere islamische Gruppen konzentrierte, die in Westsyrien kämpften, schnitt sich al-Baghdadis Gruppe ein Reich an der syrischen Grenze zum Irak ab.

Der Tod von Osama bin Laden im Jahr 2011 führte zu einer Führungskrise bei Al-Qaida. Viele Ableger von Al-Qaida, inklusive Al-Qaida im Irak, heute bekannt unter der Bezeichnung Islamischer Staat im Irak, hatten ihm ihre Treue geschworen. Aiman al-Zawahiri, bin Ladens Nachfolger, war weniger dynamisch und charismatisch. Und das machte sich bemerkbar. Wie Frankenstein war er nicht in der Lage, das Monster zu kontrollieren, an dessen Erschaffung er beteiligt war. Die Spaltung kam schliesslich in Syrien.

Der offizielle Al-Qaida-Ableger in Syrien war die Al-Nusra-Front. Entstanden im Jahr 2012, war sie die erfolgreichste Gruppe, die gegen die syrische Armee kämpfte. Aber 2013 veröffentlichte al-Baghdadi ein Tonband, in dem er verkündete, Al-Nusra würde sich mit seiner Gruppe zu dem zusammenschliessen, was dann als ISIS oder ISIL bekannt sein sollte.[9] Unglücklicherweise hatte sich al-Baghdadi nicht die Mühe gemacht, Al-Nusra – oder die Al-Qaida-Zentrale – über diese Ankündigung zu informieren, bevor er sie öffentlich machte! Al-Nusra lehnte die Fusion ab, und die Al-Qaida-Zentrale sandte einen Brief an beide Gruppen, in dem darauf hingewiesen wurde, dass es zwei separate Gruppen sind ... und sie *nicht* verbunden werden sollten. In dem Brief stand unter anderem: «Fürst Abu Bakr al-Baghdadi irrte sich, als er den Islamischen Staat im Irak und der Levante verkündete, ohne von uns die Erlaubnis oder unseren Rat einzuholen und ohne uns davon in Kenntnis zu setzen.»[10]

Dieser öffentliche Tadel von al-Zawahiri bedeutete für den IS eine Krise. Al-Baghdadi wies diese Entscheidung zurück und gab bekannt, dass die Fusion weitergehen würde, was im Grunde eine «feindliche Übernahme» eines Al-Qaida-Ablegers durch einen anderen bedeutete. Die Al-Qaida-Zentrale reagierte mit der Ankündigung, sie würde den Al-Qaida-Zweig im Irak auflösen. Der Islamische Staat lehnte die Entscheidung ab, und es folgte das islamische Gegenstück zu einem firmeninternen Machtkampf. Die beiden Gruppen trennten sich schliesslich und ISIS erklärte die Gründung des Islamischen Staates, eines muslimischen Kalifats mit al-Baghdadi als dem neuen Kalifen oder Führer.

Al-Qaida hatte sich darauf konzentriert, muslimische Länder von westlichen «Kreuzrittern» und Juden zu befreien, aber der Islamische Staat hatte noch viel grössere Ambitionen. Sein Ziel war nicht nur der Sturz der Regierungen im Irak und in Syrien, sondern sie durch den idealen islamischen Staat zu ersetzen. Genährt von den radikalen und brutalen Lehren des Korans, verfolgte der IS das gewaltsame Vorrücken, um ein Gebiet vom Euphrat bis tief hinein nach Nordafrika zu erobern. Sie wollten einen Staat ohne Ungläubige gründen – ohne Juden, Christen, Schiiten, Jesiden, Drusen und Alawiten, ohne Menschen, die sich ihrer strengen Auslegung eines radikalen Islams verweigerten.

Der Rest ist Geschichte.

Ein unvollständiges Bild

Das Bild ist fast vollständig. Die Punkte führen von Afghanistan in den Irak. Von den Mudschaheddin zum Islamischen Staat. Von der Vertreibung Ungläubiger zur Gründung eines Kalifats. Aber bleibt das Bild unvollständig, oder gibt es noch weitere Punkte, die miteinander verbunden werden müssen?

Der Westen hat die erstaunliche Fähigkeit bewiesen, sich nur auf eine Krise zu konzentrieren und eine grössere Bedrohung, die unter der Oberfläche schwelt, zu ignorieren. Könnte sich die gegenwärtige IS-Krise in etwas noch Gefährlicheres verwandeln?

Es besteht natürlich die ganz reale Gefahr, dass wir uns zu sehr auf den Islamischen Staat konzentrieren. Wenn wir von ihm geradezu hypnotisiert werden, könnten wir andere Bedrohungen übersehen. Erst kürzlich griff ein so genannter terroristischer Einzelgänger das Jüdische Museum in Brüssel, Belgien, an und tötete vier Menschen. Der Angreifer Mehdi Nemmouche war ein französischer Bürger, der in Syrien für den Islamischen Staat gekämpft hatte[11]. Hunderte, vielleicht tausende Personen mit westlichen Reisepässen gehören heute zur IS-Armee und könnten eines Tages nach Hause zurückkehren, um ihren persönlichen Dschihad durchzuführen.

Während ich dies hier schreibe, rekrutiert eine Gruppe von ehemaligen Al-Qaida-Mitgliedern namens Khorasan Dschihadisten aus dem Westen, die mit Hilfe von hoch entwickelten und viel schwerer aufzuspürenden Sprengstoffen Selbstmordanschläge verüben sollen. Und wie die von ihnen entwickelten Bomben blieb auch diese Gruppe – bis vor kurzem – weitgehend unentdeckt.

Der Islamische Staat selbst hat Muslime auf der ganzen Welt aufgerufen, gewaltsam gegen «Ungläubige» vorzugehen. Als Andeutung auf das, was noch folgen könnte, gab Australien bekannt, eine vom IS inspirierte Verschwörung aufgedeckt zu haben, Zivilisten wahllos auf der Strasse zu enthaupten und diese brutale Tat auf Video festzuhalten. Vor wenigen Tagen sind in zwei voneinander unabhängigen Terroranschlägen in Kanada zwei kanadische Soldaten getötet worden. Und das ist nur die Spitze des Eisbergs eines radikalen islamischen Krieges, der gegen den Westen geführt wird.

Die IS-Krise ist ganz real. Der Islamische Staat lebt von der Fähigkeit, grosse Angst und Verwirrung zu verbreiten. Das kann leider zu Voreingenommenheit, Paranoia und sogar Lähmung führen. So wie für Grossbritannien am Anfang des Zweiten Weltkriegs ist dies eine Zeit, in der wir «ruhig bleiben und weitermachen» müssen.

«Wenn du einen ungläubigen Amerikaner oder Europäer tötest – insbesondere die gehässigen und dreckigen Franzosen – oder einen Australier oder einen Kanadier oder irgendeinen anderen Ungläubigen aus dem Krieg der Ungläubigen ... dann töte ihn auf jegliche Weise, ganz gleich wie.»

Audioaufnahme des Islamischen Staates, September 2014

Wenn wir die Situation im Nahen Osten im Detail verstehen, kann uns das helfen, rational und klug zu reagieren und die Fehler der Vergangenheit möglicherweise zu vermeiden.

KAPITEL 4:
Die Herrschaft des Hasses

Juden sind die historischen Feinde der Muslime und hegen den grössten Hass gegen das Volk Mohammeds.

— Aussage der Muslimbruderschaft[1] —

Obwohl es unter den islamischen Religionsgemeinschaften im Nahen Osten eine grosse Vielfalt gibt, scheinen die unterschiedlichen muslimischen Splittergruppen doch eine Überzeugung zu teilen: einen tief sitzenden Hass auf alle Juden und Israel. Selbst scheinbare Ausnahmen scheinen die Regel zu bestätigen.

So schloss der ägyptische Präsident Anwar as-Sadat beispielsweise Frieden mit Israel, musste für diesen mutigen Schritt aber mit dem Leben bezahlen. König Abdullah I. von Jordanien war zumindest offen für eine jüdische Präsenz im verheissenen Land; und sein Enkel, König Hussein, schloss sogar Frieden. Aber auch Abdullah wurde getötet, und König Hussein überlebte einige Attentate und Staatsstreiche. Kein Führer im Nahen Osten ist sicher, wenn er sich auf irgendeine Weise zu Israel bekennt.

Wenn der Hass regiert

Sunniten oder Schiiten, pro- oder antiwestlich, ein roter Faden in der ganzen muslimischen Welt ist der Hass auf Juden und Israel. Während des Zweiten Weltkriegs nahm US-Präsident Franklin Roosevelt Kontakt zu König Ibn Saud von Saudi-Arabien auf, um über eine mögliche Übereinkunft zwischen Arabern und Juden in Palästina zu reden. König Saud erwiderte, er wäre «bereit, jeden aus jeder Religion zu empfangen, ausser (wiederhole ausser) einem Juden».[2] Über sechzig Jahre später versprühte Ayatollah Khamenei, der oberste Führer der schiitischen Richtung des Islam, seinen eigenen persönlichen Hass auf Israel in sehr anschaulichen Worten, als er erklärte: «Irans Position, die zuerst von dem Imam [Khomeini] zum Ausdruck gebracht und mehrfach von den Verantwortlichen bestätigt wurde, ist, dass das Krebsgeschwür namens Israel aus der Region ausgerottet werden muss.»[3]

Aber woher kommt dieser Hass? Die Antwort überrascht Sie vielleicht.

Jüdische Siedlungen sind nicht der Grund

Oft wird die Auffassung vertreten, dass der Hass zwischen Muslimen und Juden seinen Ursprung in der Gründung jüdischer Siedlungen hat, entweder der Siedlungen vor 1948 oder der, die nach der Einnahme des Westjordanlandes während des Sechstagekrieges im Jahr 1967 entstanden sind. Es wird argumentiert, Israel habe durch die Bebauung des Landes und die Enteignung der dort lebenden Araber die Konfliktsaat gesät, die seitdem aufgegangen ist.

Doch der muslimische Hass auf das jüdische Volk im Nahen Osten existierte schon *vor* dem Sechstagekrieg. Ihn gab es schon, bevor die Vereinten Nationen 1947 dafür stimmten, Palästina in zwei Länder zu teilen. «Sogar bevor die Alliierten auf der Konferenz von San Remo (April 1920) das Mandat für Palästina Grossbritannien übertrugen und dies vom Völkerbund unterstützt wurde (Juli 1922), führten palästinische Araber organisierte Angriffe auf jüdische Gemeinschaften in Palästina durch.»[4]

Als das jüdische Volk im späten 19. und frühen 20. Jahrhundert nach Palästina zurückkehrte, strömten auch arabische Muslime ins Land. 1920 lag die Gesamtbevölkerung Palästinas bei über 700 000. Achtzig Prozent waren Muslime, 10 Prozent arabische Christen und 10 Prozent Juden. 1948 war die Bevölkerung auf 1,9 Millionen angeschwollen. Über 600 000 von ihnen waren Juden, was den beträchtlichen Flüchtlingsstrom von Juden verdeutlichte, die nach Palästina flohen, um der Verfolgung in Europa zu entkommen.

Aber die Juden waren nicht die Einzigen, die die Bevölkerung Palästinas durch Immigration erhöhten. Der erhebliche Anstieg der arabischen Bevölkerung war teilweise auch auf einen Zustrom von Einwanderern zurückzuführen. «Nachdem die Bevölkerung nahezu jahrhundertelang stagnierte, explodierte in der Moderne sowohl die Zahl der Juden als auch die der Araber aufgrund von verbesserten infrastrukturellen und landwirtschaftlichen Bedingungen und Immigration. ... Der arabische Bevölkerungsanteil in Palästina wuchs von 1927 bis 1947 stärker als in den 400 vorangegangenen Jahren.»[5]

Das Royal Institute for International Affairs sagt über das Wachstum der arabischen Bevölkerung von 1920 bis 1930, dass «die Zahl der Araber, die illegal aus Syrien oder Transjordanien nach Palästina kamen, unbekannt, aber wahrscheinlich beträchtlich ist».[6]

Zorn im Namen Allahs

Der muslimische Widerstand gegen eine jüdische Präsenz im Land machte sich nie nur an den Siedlungen fest – weder im Westjordanland noch in dem zuvor unterbevölkerten Land entlang der Küste. Dieser Hass begann lange vor den jüdischen «Siedlungen» und schliesslich gab es einen Konflikt über die Frage, ob irgendeine Art von jüdischer Gemeinschaft aufstehen und Land kontrollieren könnte, das im Namen Allahs erobert wurde. Wieder zeigt Morris, dass «der jüdische Staat im Herzen der muslimisch-arabischen Welt entstanden ist – und diese Welt konnte ihn nicht ausstehen».[7]

Der Streitpunkt waren nicht die Siedlungen, sondern wessen Gott der höchste war.

«Erhebt euch, o Söhne Arabiens. Kämpft für eure heiligen Rechte. Tötet Juden, wo immer ihr sie findet. Ihr vergossenes Blut erfreut Allah, unsere Geschichte und Religion. Das wird unsere Ehre retten.»

Haj Amin al-Husseini
Grossmufti von Jerusalem[8]

Zurück zu Mohammed

Nachdem Mohammed von Mekka nach Medina geflohen war, kam er in Kontakt mit der grossen jüdischen Bevölkerung in diesem Gebiet. Anfangs betrachtete er Juden und Christen als «Volk des Buches» und erwartete von ihnen, dass sie seine neue «Offenbarung» von Gott verstanden und akzeptierten. Aber beide Gruppen wiesen seine Botschaft zurück. Die Juden weigerten sich, Mohammed als Propheten anzuerkennen, und sie konnten die Unterschlagung des jüdischen Volkes im Koran und die Ereignisse im Islam nicht akzeptieren. Diese umfassende Ablehnung der Ansprüche Mohammeds änderte alles.

«Wenn sich unsere Feinde islamische Länder widerrechtlich aneignen, wird der Dschihad zu einer verbindlichen Pflicht für alle Muslime. Aufgrund der jüdischen Aneignung Palästinas haben wir keine andere Wahl, als das Banner des Dschihads zu hissen.»

Hamas Charta
Artikel 15

Nachdem klar war, dass die Juden ihn nicht akzeptieren würden, begann Mohammed, den jüdischen Einfluss auf seinen Glauben zu minimieren oder auszuschliessen. So veränderte er beispielsweise die Gebetsrichtung von Jerusalem nach Mekka, machte den Freitag zu seinem besonderen Gebetstag und gab die jüdischen Speisegesetze auf (ausser dem Verbot, Schweinefleisch zu essen). Ursprünglich sagte er, wären die Araber Nachkommen Abrahams durch seinen Sohn Ismael gewesen, aber im Koran wird Abrahams Verbindung zu den Juden geleugnet. Mohammed behauptete, Abraham sei nur der Patriarch des Islams, nicht des Judentums, da Abraham «sich Allah hingab».[9]

Mohammed lehnte sich gegen die in Medina lebenden jüdischen Clans auf. Einige vertrieb er gewaltsam. Die anderen wurden angegriffen. Schliesslich tötete Mohammed die jüdischen Männer, die sich weigerten, zum Islam zu konvertieren, versklavte ihre Frauen und Kinder und konfiszierte ihren Besitz. Das Muster an Brutalität und Gewalt, das die Welt zurzeit beim Islamischen Staat erkennen kann, lässt sich bis zu den Anfängen des Islams zurückverfolgen – zurück bis auf Mohammed.

Offenbarungen aus dem Jenseits

In seinen späteren «Offenbarungen» teilte Mohammed mit, was er für Gottes völligen Missfallen gegenüber den Juden hielt, ein Prinzip, mit dem er seinen Hass auf alle zu rechtfertigen suchte, die sich weigern, Allah als den einzig wahren Gott zu bezeichnen. Hier einige Aussagen gegen die Juden aus dem Koran.

- «Und Wir gaben bereits Mūsā [Mose] die Schrift und liessen nach ihm die Gesandten folgen. Und Wir gaben 'Īsā [Jesus], dem Sohn Maryams [Marias], die klaren Beweise und stärkten ihn mit dem Heiligen Geist. War es nicht (so), dass jedesmal, wenn euch (Juden) ein Gesandter etwas überbrachte, was euren Neigungen nicht entsprach, ihr euch hochmütig verhieltet, indem ihr eine Gruppe (der Gesandten) der Lüge bezichtigtet und eine (andere) Gruppe tötetet? Und sie sagen: ‹Unsere Herzen sind verhüllt.› Nein! *Vielmehr hat Allah sie für ihren Unglauben verflucht.* Wie wenig sie glauben!» (2:87–88).
- «Wer *Allah und Seinen Engeln und Seinen Gesandten und Ǧibrīl* [Gabriel] *und Mīkāl* [Michael] *feind ist, so ist Allah den Ungläubigen feind*» (2:98).
- «O die ihr glaubt, nehmt nicht die Juden und die Christen zu Schutzherren [oder: Vertrauten]! Sie sind einer des anderen Schutzherren. Und wer von euch sie zu Schutzherren nimmt, der gehört zu ihnen. Gewiss, Allah leitet das ungerechte Volk nicht recht» (5:51).
- «Sag: Soll ich euch kundtun, was als Belohnung bei Allah (noch) schlechter ist? – *Diejenigen, die Allah verflucht hat und denen Er zürnt und aus denen Er Affen und Schweine gemacht hat und die falschen Göttern dienen* [oder: ... aus denen Er Affen, Schweine und Diener von falschen Göttern gemacht hat]. Diese befinden sich in einer (noch) schlechteren Lage und sind (noch) weiter vom rechten Weg abgeirrt» (5:60).
- «Und die Juden sagen: ‹Allahs Hand ist gefesselt.› *Ihre (eigenen) Hände seien gefesselt und sie seien verflucht für das, was sie sagen.* Nein! Vielmehr sind Seine Hände [wörtl. Seine beiden Hände] (weit) ausgestreckt; Er gibt aus, wie Er will. Was zu dir (als Offenbarung) von deinem Herrn herabgesandt worden ist, wird sicherlich bei vielen von ihnen die Auflehnung und den Unglauben noch mehren. *Und Wir haben unter ihnen Feindschaft und Hass* [wörtl. und Wir haben unter sie Feindschaft und Hass

geworfen] *erregt bis zum Tag der Auferstehung.* Jedesmal, wenn sie ein Feuer zum Krieg anzünden, löscht Allah es aus. Und sie bemühen sich, auf der Erde Unheil zu stiften. Aber Allah liebt nicht die Unruhestifter» (5:64).

Ausser dem Koran akzeptieren Muslime den *Hadith,* die von seinen frühen Anhängern gesammelten mündlichen Überlieferungen der Worte und Taten Mohammeds. Das Material ist sehr umfangreich, und die beiden Richtungen des Islam akzeptieren verschiedene Sammlungen. Aber der Hadith bringt in drastischen Details zum Ausdruck, wie Mohammed Gottes unverminderten Hass auf das jüdische Volk beschrieb. Zum Beispiel: «Die letzte Stunde kommt erst, wenn die Muslime gegen die Juden kämpfen, und die Muslime sie töten, bis die Juden sich hinter einem Stein oder einem Baum verstecken, und ein Stein oder ein Baum sagt: ‹Muslim, oder Diener Allahs, dort ist ein Jude hinter mir; komm und töte ihn›» (Sahih Muslim 41:6985).

Nur eine echte Nation

Im Kern vertritt der Islam eine Form der Substitutionstheologie. Damit ist die Glaubensüberzeugung gemeint, dass Juden und Christen einmal Gottes auserwähltes Volk waren, das er aber verstiess, weil es sich weigerte, Gottes Propheten anzuerkennen. Die Christen nahmen Mohammed nicht an und das jüdische Volk lehnte sowohl Jesus als auch Mohammed ab. Aufgrund dieser Zurückweisung stehen Christen und Juden unter dem Gericht Gottes. Und beide müssen vehement bekämpft werden.

Einer Hadith zufolge verfluchte Mohammed auf dem Sterbebett Juden und Christen, weil sie Anbetungsstätten auf den Gräbern der Propheten errichteten: «Als der letzte Augenblick im Leben des Apostels Allahs kam, begann er, seine ‹Khamisa› auf sein Gesicht zu legen, und als er sich heiss und kurzatmig fühlte, nahm er sie von seinem Gesicht und sagte: ‹Möge Allah die Juden und Christen verfluchen, denn sie haben die Anbetungsstätten auf den Gräbern ihrer Propheten gebaut›» (Sahih Bukhari 1:8:427).

Eine andere Hadith behauptet, Muslime würden vor der Hölle verschont bleiben, weil Gott Juden und Christen an ihrer Stelle für das Höllenfeuer bestimmt hat: «Abu Musa berichtete, dass Allahs Bote (möge Frieden auf ihm liegen) sagte: ‹Wenn der Tag der Auferstehung kommt, wird Allah jedem Muslim einen Juden oder einen Christen ausliefern und sagen: ‚Das ist deine Rettung aus dem Feuer der Hölle'›» (Sahih Muslim 37:6665).

Der Islam betrachtet Christen und Juden letzten Endes als Feinde Allahs. Aber es sind die Juden, die heute Landstriche bewohnen, von denen Muslime glauben, dass sie rechtmässig Allah und seinen Anhängern gehören. Und das macht die Juden zu dem Feind, gegen den sich alle Muslime vereinen können.

Sie müssen wissen, dass die radikalen IS-Kämpfer diesen Hass auf die Juden und auf jeden anderen teilen, der sich nicht ihrer Richtung anschliesst. Dennoch bleibt ihr extrem ausgeprägter Hass beispiellos unter diesen radikalen Gruppen. Mit den Worten von US-Aussenminister John Kerry nach dem grausamen Mord an dem amerikanischen Mitarbeiter einer Hilfsorganisation Peter Kassig: «Dieser Konflikt besteht nicht zwischen zwei Zivilisationen. ... Dieser Konflikt wird zwischen der Zivilisation an sich und der Barbarei ausgetragen.»[10]

Und es ist eine furchtbar extreme Form der Barbarei, aber eine, die ihren Ursprung in einem generationenübergreifenden Hass radikaler Muslime hat.

KAPITEL 5:

Ein in sich gespaltenes Reich: Sunniten gegen Schiiten

Wenn man sich selbst, nicht aber seinen Feind kennt,
wird man für jeden Sieg eine Niederlage erleben.

Sun Tzu
Chinesischer General, 6. Jh. v. Chr.[1]

Amerikaner haben normalerweise schlechte Kenntnisse in Geografie und Geschichte. Wir sind eine nach vorne blickende Nation, die sich mehr auf den jüngsten Modetrend oder das neuste elektronische Gerät fokussiert als darauf, die Details der Vergangenheit zu verstehen. Teilweise ist das auf ein narzisstisches, egozentrisches Bewusstsein von der eigenen nationalen Bedeutung zurückzuführen. Ein anderer Aspekt ist aber auch die fehlende Bildung. So berichtet beispielsweise ein Drittel aller Highschool-Direktoren, dass ihre Schule keinen einzelnen Kurs in Geografie anbietet.[2]

Da könnte jetzt jemand sagen: «Was soll's? Ist es wirklich wichtig, wie viel der durchschnittliche Amerikaner über Geografie oder Geschichte weiss?» Eine Umfrage der *Washington Post* nach der russischen Annektierung der zur Ukraine gehörenden Krim legt nahe, dass es sogar ziemlich wichtig ist.

Im Rahmen einer national repräsentativen Befragung wollte die *Post* von 2066 Amerikanern wissen, was die Vereinigten Staaten in der Ukraine unternehmen sollten. Gleichzeitig wurden dieselben Leute gebeten, die Ukraine auf einer Landkarte zu lokalisieren. Nur einer von sechs Amerikanern konnte die Ukraine auf der Karte überhaupt finden. Es kommt noch schlimmer: «Je weiter die Vermutungen von der tatsächlichen Lage der Ukraine entfernt waren, umso mehr wurde ein militärisches Eingreifen der USA befürwortet.»[3]

Eine uninformierte Öffentlichkeit kann seine Führer so unter Druck setzen, dass sie schlechte strategische Entscheidungen treffen! Wir alle müssen verstehen, um dem Islamischen Staat rational und entschlossen zu begegnen.

Zurück an den Anfang

Um die IS-Krise zu begreifen, müssen wir zuerst den Aufstieg des Islams verstehen. Und der beginnt mit Mohammed, seinem Propheten.

Mohammed war ein vierzig Jahre alter, reicher Kaufmann, der in Mekka im heutigen Saudi-Arabien lebte, als er ab dem Jahr 610 n. Chr. Visionen bekam. Diese Visionen, die er sein ganzes Leben über hatte, wurden letzen Endes zur Grundlage des Koran. Schon früh predigte Mohammed den Menschen von Mekka eine Friedensbotschaft. Er verfügte über einfache Mittel und eine eher kleine Gefolgschaft, und seine Visionen waren grösstenteils friedlich und alltäglich. Als immer weniger Menschen auf ihn reagierten, veränderte sich etwas.

622 n. Chr. reiste Mohammed ins 400 Kilometer entfernte Medina. Heute markiert die als *Hidschra* (auch Hidjra) bekannte Auswanderung den Beginn des islamischen Kalenders. In dieser Phase wurden Mohammeds Visionen intensiver und gewalttätiger – und seine Botschaft und Methoden passten sich dem an. Acht Jahre später wanderte Mohammed mit einem Heer von 10 000 Gefolgsleuten zurück nach Mekka und nahm die Stadt ein. Als er 632 n. Chr. starb, hatten Mohammeds Anhänger den Islam als einen erheblichen Einfluss in weiten Teilen der Arabischen Halbinsel etabliert.

Die Entstehung von zwei Versionen des Islams

Mohammeds Tod brachte dem Islam die erste grosse Krise. Wer sollte der Nachfolger des Propheten werden? Die eine Gruppe, aus denen die *Sunniten* wurden, war für den engen Freund Mohammeds, seinen Schwiegervater Abu Bakr. Die andere Gruppe, die *Schiiten*, meinte, Mohammed selbst habe bestimmt, dass sein Nachfolger aus seiner eigenen Familie kommen sollte, und deshalb habe er seinen Cousin und Schwiegersohn Ali ibn Abi Talib persönlich erwählt. Ali gehörte zu Mohammeds engsten, lebenslangen Befürwortern und Verbündeten. Zudem war er ein Blutsverwandter.

War es Mohammeds Absicht, dass dieses neue politische und religiöse Reich des Islam vom fähigsten Nachfolger (seinem Schwiegervater) oder von einem Mitglied der Familiendynastie (seinem Cousin) regiert werden sollte? Diese beiden entgegengesetzten Ansätze für die Nachfolge spalteten den Islam mittendurch.

Die Sunniten: Anhänger von Abu Bakr

Viele Anhänger Mohammeds in Medina meinten, Abu Bakr sollte aufgrund seiner einzigartigen Fähigkeit, die Werte des Islams zum Ausdruck zu bringen, und wegen seiner persönlichen Frömmigkeit der nächste Führer sein. Daher wurde er zum ersten *Kalifen* (stammt vom arabischen Wort für «Nachfolger») gewählt. Er repräsentierte für alle um ihn herum die *Erfahrung* Mohammeds und verkörperte somit den Kern des Islams. Wer Abu Bakr als neuen Führer akzeptierte, wurde schliesslich als Sunnit bekannt.

Sunnit stammt von dem Wort für «Brauch oder Tradition» und bezieht sich auf die Muslime, die der Tradition des Propheten folgen und die Entscheidung der Mehrheit akzeptieren. Sunnitische Muslime sind insofern die «Traditionalisten», dass sie glauben, sie wären die wahren Vertreter der Bräuche und Traditionen, die Mohammed und seine Gefährten ursprünglich eingeführt haben. Mitglieder von Al-Qaida und dem Islamischen Staat gehören der sunnitischen Richtung des Islam an.

Die Schiiten: Anhänger von Ali

Schiitische Muslime führen ihre Wurzeln zurück auf jene, die glauben, dass Mohammed seinen Schwiegersohn und Cousin Ali ibn Abi Talib als seinen rechtmässigen Nachfolger haben wollte. Für Schiiten muss der Nachfolger direkt von Mohammed abstammen. Die Bezeichnung *Schiit* kommt von dem arabischen Ausdruck *shi'atu Ali*, was «die Anhänger Alis» bedeutet. Diese Muslime akzeptieren Ali, nicht Abu Bakr, als den legitimen Erben Mohammeds. Sie glauben auch, dass alle zukünftigen Führer aus der Linie Alis und seiner Frau Fatima, der Tochter Mohammeds, kommen sollten.

Der Riss wird grösser

Würde sich der Unterschied zwischen Sunniten und Schiiten nur auf die Frage der Nachfolge konzentrieren, könnte man annehmen, dass der Riss irgendwann wieder zusammenwachsen würde. Ali ist zwar nicht als der erste Kalif nach dem Tod Mohammeds erwählt worden, aber schliesslich *wurde* er doch ausersehen. Vierundzwanzig Jahre nach Mohammeds Tod wurde Ali als der vierte Kalif des Islam sein Nachfolger und bekam theoretisch Autorität über beide Gruppen.

Obwohl der Islam nun unter einem Oberhaupt vereint war, liessen zwei Ereignisse die eitrige Wunde nicht heilen. Das erste war ein Bürgerkrieg innerhalb des Islams. Die neue Religion hatte sich von der Arabischen Halbinsel ausgedehnt und umfasste nun Syrien, Persien und Ägypten. Dieses schnelle Wachstum brachte rassische und ethnische Spannungen mit sich, als die unterschiedlichen Splittergruppen um die Kontrolle kämpften. Der dritte Kalif wurde ermordet, und Ali wurde zum nächsten Führer erwählt. Trotz seiner tiefen Frömmigkeit stand sein strenger, puritanischer Führungsstil seiner Fähigkeit im Weg, die wachsende Kluft zu überbrücken. Schliesslich wurde auch Ali ermordet, und sein Sohn Hasan ersetzte ihn als Kalifen. Aber aus den Rissen, die sich im Islam gebildet hatten, wurde eine grosse Spalte.

Eine andere islamische Dynastie aus Damaskus drängte Hasan von der Macht. Es entstand eine neue Herrschermacht: das Omaijaden-Kalifat. Der Herrscher dieser neuen Dynastie liess Hasan ermorden und räumte ihn somit als eine potentielle zukünftige Bedrohung aus dem Weg.

Das zweite Ereignis, das Sunniten und Schiiten spaltete, ist eng mit dem ersten verbunden. Ali hatte bestimmt, dass der nächste Kalif einer seiner Söhne werden sollte, um so die direkte Linie von Mohammed zu gewährleisten. Aber der Kalif, der Alis Sohn Hasan ersetzte, stammte nicht aus dieser direkten Linie, wodurch er in den Augen von Alis Anhängern unrechtmässig war. Und als dieser neue Kalif starb und sein eigener Sohn auf ihn folgte, tat sich Alis jüngster Sohn mit anderen zusammen und lehnte seine Autorität ab. Dieser Riss führte zu einem zweiten Bürgerkrieg.

In der Schlacht von Kerbala (im heutigen Irak) tötete der neue Kalif 680 n. Chr. Alis jüngsten Sohn Husain, bevor er ihn anschliessend enthauptete. Ausserdem tötete er Husains sechs Monate alten Sohn. In den Augen der Anhänger Alis war dies ein schwerwiegendes Vergehen. Es war eine weitere unheilvolle Andeutung auf die kommenden schrecklichen Gewalttaten, wie wir sie heute vom IS sehen. Die Spaltung innerhalb des Islam war nun vollständig.

Weitere Unterschiede

Mit der Zeit entwickelten sich weitere Unterschiede zwischen den beiden Richtungen des Islam. Sunniten werden von *Imamen* geführt, geistlichen Oberhäuptern, die als geistlich weise, aber nicht als unfehlbar angesehen werden. Die Schiiten glauben, dass ihre religiösen Führer (Mudschtahids und Ayatollahs) unfehlbar *sind*, da sie die direkten Nachkommen Alis und Mohammeds sind. In gewisser Weise ähnelt ihre Sicht dem römisch-katholischen Verständnis vom Papst, dessen Wort kraft päpstlicher Vollmacht unfehlbar ist. Aus diesem Grund ist im schiitisch regierten Iran Ayatollah Khamenei der oberste Führer, der praktisch die Kontrolle über alle Bereiche der Regierung und des Lebens im Iran ausübt.

Sunniten und Schiiten glauben beide an einen islamischen Erlöser namens *Mahdi* – eine messiasähnliche Person, der sich Jesus anschliessen wird, um vor dem Tag des Gerichts auf der Erde zu herrschen. Allerdings gibt es einen wesentlichen Unterschied. Die Sunniten warten darauf, dass der Mahdi in der Zukunft erscheint, während die Schiiten lehren, dass er bereits hier, aber noch verborgen ist. Schiiten glauben auch, dass es zwölf Nachfolger des Propheten Mohammed gegeben hat. Ali war der erste von ihnen, und der zwölfte und letzte Imam ist Muhammad ibn al-Hasan, auch bekannt als Muhammad al-Mahdi.

Die zwei Richtungen des Islam

	Sunniten	Schiiten
Mohammeds Nachfolger (Beziehung)	Abu Bakr (Schwiegervater)	Ali ibn Abi Talib (Cousin und Schwiegersohn)
Führungskriterium	der Qualifizierteste (nach übereinstimmender Wahl)	Nachkomme der Blutslinie
Befürworter	Al-Qaida, Islamischer Staat	Ayatollah Khomeini
Aktuelle Führer	Imame	Mudschtahids und Ayatollahs
Autorität unter ihren Anhängern	weise, aber fehlbar	unfehlbar
Anteil der Anhänger im Nahen Osten	75–80 %	20–25 %

Dieser zwölfte Imam wurde 869 n. Chr. geboren und mit nur fünf Jahren zum letzten Imam. Mehrere Jahrzehnte blieb er verborgen und kommunizierte mit seinen Anhängern nur durch seine Stellvertreter. Nach einer 72-jährigen Herrschaft sandte er ihnen angeblich einen Brief, in dem er schrieb, er würde in «Okkultation» oder in Verborgenheit verschwinden und erst in der Zukunft wieder auftreten, wann immer Allah es für richtig hielte. Schiiten glauben, dass der Mahdi all diese Jahre gelebt hat, wenn auch im Verborgenen.

Sunniten und Schiiten sind sich einig, dass der Islam von Mohammed bis zum Mahdi reicht. Aber wie Mohammeds Nachfolger erwählt werden sollte und wann der Mahdi auftreten wird, sind wesentliche Punkte, über die keine Einigkeit besteht. Und in jüngster Zeit ist ein dritter strittiger Bereich aufgetaucht. In von Sunniten beherrschten Ländern stehen die religiösen Führer oder Imame unter staatlicher Kontrolle. Aber im Iran steht der Staat unter der Kontrolle der religiösen Führer.

Sunniten und Schiiten auf der Landkarte – und warum das wichtig ist

Weltweit gibt es 1,5 Milliarden Muslime. Davon sind 85 bis 90 Prozent Sunniten und 10 bis 15 Prozent Schiiten. Das ist aber noch nicht alles, insbesondere wenn man den Nahen Osten betrachtet. Nahezu 660 Millionen (über 44 Prozent) aller sunnitischen Muslime leben in vier Ländern *ausserhalb* des Nahen Ostens – Bangladesh, Indien, Indonesien und Pakistan. Nimmt man nur den Nahen Osten, steigt die Zahl der dort lebenden schiitischen Muslime auf 20 bis 25 Prozent.

Das Verhältnis zwischen Sunniten und Schiiten ist in den verschiedenen Ländern des Nahen Ostens nicht konstant. Die Schiiten konzentrieren sich auf mehrere spezielle geografische Regionen. Diese unterschiedlichen Konzentrationen überschreiten internationale Grenzen und tragen zur Erklärung von einigen religiösen und ethnischen Spannungen in Ländern wie Irak, Syrien und Libanon bei.

Verteilung von sunnitischen und schiitischen Muslimen im Nahen Osten

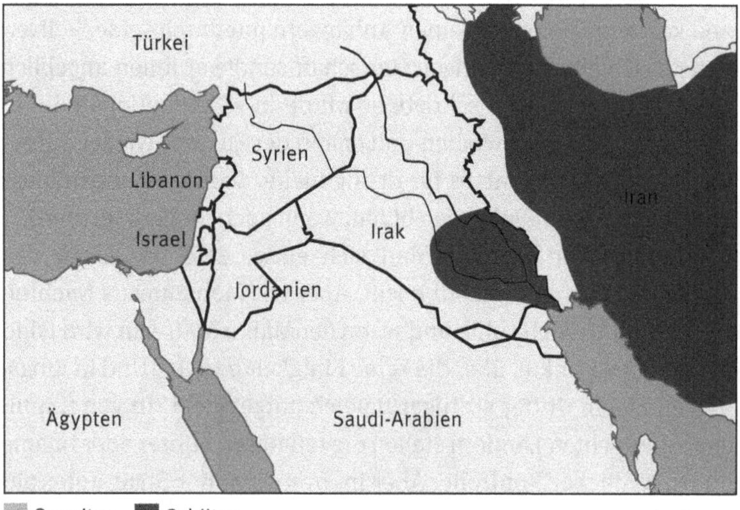

Sunniten Schiiten

Sunniten und Schiiten repräsentieren zwei unterschiedliche Seiten des Islam. Beide haben sich der weltweiten Verbreitung des Islam verpflichtet. Beide warten auf den Mahdi, der vor dem Tag des Gerichts kommen soll. Beide haben Terrorgruppen hervorgebracht, die sich dem Dschihad gegen Israel und den Westen verschrieben haben. Und beide betrachten die andere Seite mit Misstrauen, da sie sich gegenseitig für religiöse Abweichler halten.

In seinem Bericht «Die sunnitisch-schiitische Kluft» kam das Council on Foreign Relations (Rat für auswärtige Beziehungen), eine Expertenkommission, die sich auf US-Aussenpolitik und internationale Angelegenheiten spezialisiert hat, zu dem Schluss: «Eine uralte religiöse Kluft trägt dazu bei, Konflikte im Nahen Osten wiederaufleben zu lassen. Kämpfe zwischen sunnitischen und schiitischen Truppen haben den syrischen Bürgerkrieg genährt, der die Landkarte des Nahen Osten zu verändern droht, Gewalt geschürt, die den Irak zerbröckeln lässt, und Risse in einer Reihe von angespannten Golfstaaten vergrössert.»[4]

Die «IS-Krise» ist im Kern ein religiöser Kampf. Um Fehler bei der Einschätzung dieser Bedrohung zu vermeiden, muss der Westen, inklusive der Vereinigten Staaten, die Unterschiede zwischen diesen beiden Gruppen begreifen. Andernfalls würde das passieren, was der chinesische General Sun Tzu sagte: «Wenn man sich selbst, nicht aber seinen Feind kennt, wird man für jeden Sieg eine Niederlage erleben.»[5]

KAPITEL 6:
Variationen zu einem Thema: Die Zusammensetzung des Islam

Die Ägypter haben uns inspiriert, und das haben sie getan, indem sie die Idee, dass Recht am besten durch Gewalt zu bekommen ist, als Lüge entlarvten. Denn in Ägypten war es die moralische Kraft des Gewaltverzichts – kein Terrorismus, kein sinnloses Töten –, sondern Gewaltverzicht, die moralische Kraft, die den Bogen der Geschichte wieder einmal in Richtung Gerechtigkeit neigte.[1]

Präsident Barack Obama
Februar 2011

Aus dem Arabischen Frühling ist der Arabische Winter geworden.[2]

Präsidentschaftskandidat Mitt Romney

Als Präsident Obama im September 2014 aus dem Weissen Haus eine Ansprache an die Nation hielt, in der er von einem Krieg gegen den Islamischen Staat redete, hob er zwei wichtige Punkte hervor. «ISIL ist nicht ‹islamisch.› ... Und ISIL ist gewiss kein Staat.»[3] Indem er den Islamischen Staat vom Islam trennte, versuchte der Präsident dem Vorwurf vorzubeugen, dass dies ein Krieg gegen Muslime werden sollte. Und indem er ISIS nicht als Staat identifizierte, schob er die Notwendigkeit beiseite, vor Beginn der Angriffe die Zustimmung des UN-Sicherheitsrates einholen zu müssen. Mit diesen beiden Punkten verfolgte der Präsident eine klare Absicht.

Aber waren seine Aussagen wirklich richtig?

Ist der IS islamisch?

Präsident Obama sagte, ISIS sei nicht islamisch, weil «keine Religion das Töten von Unschuldigen duldet. Und die überwältigende Mehrheit der Opfer des IS sind Muslime gewesen».[4] Leider wird keines der beiden Argumente vom Koran noch von der islamischen Geschichte vollständig gestützt. Letzten Endes hängt es davon ab, wie man die Begriffe «unschuldig» und «Muslim» definiert.

Der Koran enthält eine Geschichte über Mose, der einem Mann folgt, um von der Weisheit seines Handelns zu lernen. Irgendwann tötet der Mann einen kleinen Jungen. Mose fragt ihn, warum er «eine unschuldige [wörtl. noch lautere] Seele getötet» habe. Später «erleuchtet» der Mann Mose, indem er ihm den Grund für die Tötung des Jungen nennt. «Was den Jungen angeht, so waren seine Eltern gläubige (Menschen). Da fürchteten wir, dass er sie durch (seine) Auflehnung und durch (seinen) Unglauben bedrücken würde. So wollten wir, dass ihr Herr ihnen zum Tausch einen gebe, – besser als er an Lauterkeit und näher kommend an Güte [wörtl. Verwandtschaft]» (18:74, 80–81). Diese Stelle liefert die Basis für Ehrenmorde im Islam, da sie die Tötung eines Kindes zu rechtfertigen scheint, wenn es seinen Eltern Schande macht.

Eine Begebenheit aus den Anfängen seiner Führung legt nahe, dass Mohammed die Unschuld oder Schuld einer Person anhand ihrer offensichtlichen Unterstützung oder ihrem Widerstand gegenüber seiner Lehre beurteilte. Nach der Schlacht von Ditch im Jahr 627 n. Chr. griff Mohammed den jüdischen Clan der Banu Quraiza an, da er meinte, er habe sein Bündnis mit ihm gebrochen. Nach monatelanger Belagerung ergab sich die Gruppe. Obschon die genaue Zahl unbekannt ist, enthauptete Mohammed jeden Mann des Clans (der die Pubertät überschritten hatte) und versklavte alle übrig gebliebenen Frauen und Kinder. *The History of Al-Tabari* beschreibt dieses Ereignis.

> Sie [die Juden] waren im Begriff, herunterzukommen, und der Bote Gottes [Mohammed] nahm sie gefangen. ... Der Bote Gottes ging auf den Marktplatz von Medina (der auch heute noch der Marktplatz ist) und liess dort Gräben ausheben; dann sandte er nach ihnen und liess sie in diesen Gräben enthaupten. Sie wurden in Gruppen zu ihm hinausgebracht. ... Es waren 600 oder 700 – die höchste Schätzung spricht von zwischen 800 und 900. Als sie in Gruppen zu dem Boten Gottes gebracht wurden, sagten sie ...: «Was denkst du, wird mit uns gemacht?» [Er] sagte: «Jedes Mal versteht ihr es nicht. Seht ihr nicht, dass der Bote [niemanden] freilässt, und dass diejenigen von euch, die weggebracht werden, nicht zurückkommen? Bei Gott, es ist der Tod!» Die Sache dauerte an, bis der Bote Gottes mit ihnen fertig war.[5]

Dieser jüdische Stamm hatte Mohammed zwar nicht angegriffen, aber er kam ihm auch nicht zur Hilfe. Und wahrscheinlich haben sich einige in diesem Clan sogar dafür ausgesprochen, ihn zu unterstützen. Doch am Ende wurde jeder männliche Erwachsene getötet. Und diese von Mohammed durchgeführte Massenenthauptung greift den Enthauptungen der IS auf unheimliche Weise voraus.

Präsident Obama betonte, dass viele IS-Opfer Muslime sind und der Koran es verbietet, dass ein Muslim einem anderen das Leben nimmt in bestimmten Situationen. «Und wer einen Gläubigen vorsätzlich tötet, dessen Lohn ist die Hölle, ewig darin zu bleiben. Und Allah zürnt ihm und verflucht ihn und bereitet ihm gewaltige Strafe» (4:93).

Macht die Tötung von Mitmuslimen den Islamischen Staat somit unislamisch? Nicht zwangsläufig. Der Islam hat in seiner Geschichte schon immer «Ketzer» und «Abtrünnige» verfolgt und getötet – diejenigen, die angeblich vom wahren Pfad des Glaubens in Wort oder Tat abgewichen sind. (Leider hat das Christentum eine ähnlich finstere Geschichte.) Ein solcher «Irrglaube» wird in einer Reihe von muslimischen Ländern nach wie vor mit dem Tod bestraft. 1989 veröffentlichte die iranische Regierung eine *Fatwa* (offizieller religiöser Erlass), die den Tod des Autors Salman Rushdies wegen seines Buches *Die satanischen Verse* anordnete. 2014 wurde Mariam Ibrahim von einem sudanesischen Gericht wegen Abfall vom Glauben zum Tode verurteilt, weil sie sich weigerte, ihrem christlichen Glauben abzuschwören. (Da ihr Vater Muslim war, wurde sie rechtlich ebenfalls als Muslim angesehen.) Starker internationaler Druck führte schliesslich zu ihrer Freilassung, aber im Sudan glauben noch immer viele Menschen, man hätte sie hinrichten sollen.

Aber haben sich alle muslimischen IS-Opfer des Abfalls vom Glauben schuldig gemacht? Haben sie den Islam verleugnet? Der Islamische Staat würde ja sagen. Viele Getötete sind Schiiten und Alawiten (ein Ableger der Schiiten). Für den IS sind sie Abtrünnige, die den Tod verdient haben. Täuschen Sie sich nicht, ein Grossteil der Kämpfe in Syrien und im Irak ist sektiererisch bedingt. Das Nahostbüro der BBC stellte vor kurzem fest, dass «auch die aktuellen Konflikte im Irak und in Syrien einen starken sektiererischen Unterton angenommen haben. In beiden Ländern haben sich junge sunnitische Männer Rebellengruppen angeschlossen, von denen viele die kompromisslose Ideologie Al-Qaidas widerspiegeln.»[6]

Tod den Abendländern

Der Islamische Staat glaubt auch, dass der Koran die Tötung von Muslimen, die den Westen unterstützen, erlaubt. «O die ihr glaubt, nehmt nicht die Juden und die Christen zu Schutzherren [oder: Vertrauten]! Sie sind einer des anderen Schutzherren. Und wer von euch sie zu Schutzherren nimmt, der gehört zu ihnen. Gewiss, Allah leitet das ungerechte Volk nicht recht» (5:51).

Ihre Logik lautet gelegentlich so: Die momentanen Regierungen in Syrien und im Irak wurden vom christlichen Westen eingesetzt und gestützt. Viele Probleme der Muslime im heutigen Nahen Osten gehen auf das Konto von Christen und Juden. Und da Allah jeden Muslim verurteilt, der mit Christen und Juden kooperiert, ist es erlaubt, solche Muslime zu töten.

Die Ermordung von Mitmuslimen und Christen durch den IS ist brutal, gnadenlos und extrem. Aber ihrem Verständnis nach ist es zumindest nicht unislamisch.

Ist ISIS ein Staat?

Wie wir bereits bemerkt haben, steht ISIS für *Islamischer Staat im Irak und in Syrien*. In seiner Aussage im Weissen Haus behauptete Präsident Obama, dass der IS kein Staat ist. Zum Beweis führte er zwei Tatsachen an. Die erste ist der uneinheitliche Ursprung der Gruppe und die zweite die fehlende Anerkennung von aussen. Da der Islamische Staat «eine ehemalige Zweigorganisation von Al-Qaida im Irak war, ... wird er weder von einer Regierung noch von den von ihm unterjochten Menschen anerkannt». Doch sind das berechtigte Kriterien zur Bestimmung, ob der IS ein Staat ist oder nicht?

Böse Bewegungen sind zu anerkannten Staaten geworden. Die Nationalsozialistische Partei in Deutschland war nur eine kleine Schlägertruppe, die eine unruhige Zeit ausnutzte, um das Dritte Reich aufzurichten. Und Wladimir Lenin führte die Kommunistische Partei bei der Übernahme Russlands an. Ein erfolgreicher Aufbau eines Staates hängt nicht davon ab, wo eine Gruppe anfängt, sondern wo sie endet.

Ein Kriterium für die Existenz einer Nation ist natürlich ihre Anerkennung durch andere. Aber bedeutet die fehlende internationale Anerkennung, dass der IS keine Nation ist? 1948 erkannte kein arabisches Land die Existenz Israels an, aber die Nation wurde dennoch gegründet. Und obwohl die Volksrepublik China 1949 gegründet wurde, wurde sie von den Vereinigten Staaten erst 1979 offiziell anerkannt. Internationale Anerkennung ist hilfreich, aber keineswegs lebenswichtig für eine Staatsgründung.

Der zweite Punkt von Präsident Obama scheint da schon berechtigter. Er sagte, der IS sei kein Staat, weil die Menschen unter seiner Herrschaft besiegte Untertanen sind, keine willigen Bürger. Doch scheint der Islamische Staat ein gewisses Mass an Unterstützung seitens der in der Region lebenden Sunniten zu haben. Und es ist eine traurige Realität in der Geschichte, dass viele Nationen Minderheiten besiegt und unterjocht haben. Das ist nicht richtig oder fair, aber es ist auch kein so starkes Argument gegen eine staatliche Existenz des IS wie einige, zu denen auch Präsident Obama gehört, es gerne glauben.

Wann wird aus einer Bewegung also ein Staat? Wenn er ein Mitglied der Vereinten Nationen wird, oder wenn er anerkannte Reisepässe ausgeben kann? Legt man diese Kriterien zu Grunde, wird der IS wahrscheinlich nie ein Staat. Aber könnte man einen Staat nicht auch durch seine Fähigkeit definieren, Gesetze zu erlassen und durchzusetzen, Steuern zu erheben, soziale Dienste einzuführen, eine Armee zu unterhalten oder kontrollierte Grenzen festzulegen und zu verteidigen? Nach diesen Massstäben ist der IS näher an einer staatlichen Existenz als manche Länder, die schon einen Sitz in der UN-Generalversammlung haben.

Was sind nun die grundlegenden Kriterien für die Gründung einer legitimen Regierung? Könnte der Nahe Osten einen anderen Massstab anlegen?

Drei Arten von anerkannten Regierungen im Nahen Osten

Über ein Jahrhundert ist «3-IN-ONE»-Öl ein fester Bestandteil des Lebens gewesen – Amerikas «Handwerkzeug in einer Dose» laut dem Firmenslogan. Die ikonenhafte rotweisse ausquetschbare Dose findet sich auf zahllosen Regalen und Werkbänken. Aber «Drei-in-einem» wäre auch eine gute Beschreibung für die Regierungen der meisten islamischen Länder. Im Nahen Osten scheint es drei verschiedene Regierungsformen zu geben. Doch die tonangebende Melodie, die jede Variation durchzieht, ist der Islam.

1. Der demokratische Islam

Die erste der verschiedenen islamischen Regierungsformen im Nahen Osten ist am besten als demokratischer Islam zu bezeichnen. Und mit Demokratie meinen wir hier mehr als «eine Person, eine Stimme». Eine Reihe von Ländern im Nahen Osten, einschliesslich Iran und Syrien, führen Wahlen durch. Vor einigen Jahren gab es in Ägypten freie Wahlen und das Volk entschied sich für eine Mehrheit von Kandidaten aus der Muslimbruderschaft, die sofort zu versuchen begannen, ihre enge Vorstellung von einem islamischen Staat umzusetzen.

Im westlichen Sinne schliesst Demokratie auch den Schutz von persönlichen Rechten und Freiheiten ein, unter anderem Religionsfreiheit, Redefreiheit, Pressefreiheit und Versammlungsfreiheit. Diesen Massstäben zufolge ist die Türkei die einzige konsequente islamische Demokratie im Nahen Osten. 1928 änderte die Türkei ihre Verfassung und entfernte eine Aussage, die den Islam zur Staatsreligion machte. Ihre gegenwärtige Verfassung, die im Jahr 1982 angenommen wurde, verbietet Diskriminierung aufgrund von religiösen Überzeugungen. Die Verfassung garantiert auch Gedankenfreiheit, Pressefreiheit und das Recht auf Achtung der Privatsphäre. Die Türkei scheint in vielerlei Hinsicht das ideale Modell einer islamischen Demokratie zu sein. Allerdings sind die Dinge nicht immer das, was sie scheinen.

Der ehemalige Armeeoffizier Kemal Atatürk gründete die Republik Türkei. Er versuchte die Türkei nach dem Vorbild westlicher Demokratien zu formen. Und seit ihrer Gründung war das Militär der Hüter der säkularen Werte der Türkei. Zu mehreren Anlässen schritt das Militär ein, um die Regierung zu übernehmen, sodass das Land nicht vom politischen, wirtschaftlichen oder religiösen Kurs abwich. Die säkulare Demokratie der Türkei wurde durch militärische Staatsstreiche intakt gehalten ... ein sehr *undemokratischer* Prozess!

«1987 reichte die Türkei ihren formalen Antrag auf Mitgliedschaft in der Europäischen Wirtschaftsgemeinschaft ein, und 1995 wurde sie als Kandidat für eine Vollmitgliedschaft anerkannt. Aber Europa hegte mehrere Bedenken hinsichtlich einer Mitgliedschaft der Türkei, zu denen die ‹Einmischung› des Militärs in den politischen Prozess des Landes gehörte. Die Streitkräfte zogen sich zurück ... und das Land begann sich vom Säkularismus zum Islam hinzubewegen.»

Bernard Lewis
«Islam und liberale Demokratie»[7]

2002 gewann die islamorientierte Partei für Gerechtigkeit und Aufschwung (bekannt unter dem türkischen Akronym AKP) die nationalen Wahlen. Der neue Ministerpräsident war Recep Tayyip Erdoğan. 2007 gab Abdullah Gül, ein überzeugter Islamist, seine Kandidatur für das Präsidentenamt bekannt. Dieses Amt wurde historisch als Hüter des säkularen Systems der Türkei angesehen, und das Militär betrachtete Güls Kandidatur als einen direkten Angriff der Kräfte, die aus der Türkei einen islamischen Staat machen wollen. Es sprach eine versteckte Warnung aus, in der es mit einem weiteren Staatsstreich drohte, sollte er gewinnen. Europa reagierte scharf. Der Kommissar für die EU-Erweiterung sagte: «Das ist ein klarer Präzedenzfall, ob die türkischen Streitkräfte die demokratische Säkularisation und demokratische Werte respektieren.»[8] Das Militär gab nach, und Gül wurde gewählt.

Seither befinden sich das türkische Militär und die säkularen Werte der Türkei auf dem Rückzug. Unter einer immer stärker werdenden Führung wird das Land zunehmend offen islamisch. Die «demokratisch gewählte Regierung [der Türkei] führt einen umfassenden Krieg gegen alle Regeln und Institutionen der Demokratie. Die kürzlich erlassenen Gesetze betonen das Überleben des Parteienstaates auf Kosten der Rechtsstaatlichkeit und der Menschenrechte».[9] Als der US-Ausschuss für Auswärtige Beziehungen den designierten Botschafter John R. Bass während seines Bestätigungsverfahrens zum US-Botschafter in der Türkei befragte, wollte Senator John McCain von ihm wissen, ob die «Tendenz zu einem autoritären System» durch den jetzigen Präsidenten Erdoğan zu erkennen sei. Nach einigem Zögern räumte der designierte Botschafter ein, dass es «eine Tendenz in diese Richtung»[10] gäbe.

Nahezu ein Jahrhundert lang war die Türkei der einsame Leuchtturm des wahren demokratischen Islams im Nahen Osten. Aber ohne die Beteiligung des Militärs, das als Gegengewicht diente, scheint es, als würde sich die Türkei vom Säkularismus verabschieden und eine stärkere Betonung auf den Islam legen, alles im Namen der Demokratie.

2. Der autokratische Islam

Der autokratische Islam ist eine «allgemeine» Kategorie, die verschiedene Arten von islamischen Regierungen im Nahen Osten beschreibt. Die spezielle Regierungsform variiert, auch wenn alle etwas gemeinsam haben – eine Regierung, die von einem starken Führer dominiert wird. In einigen Fällen ist die Regierung eine Monarchie wie in Saudi-Arabien und Jordanien. In anderen ähnelt sie einer Demokratie, aber der Führer wird vom Militär an der Macht gehalten wie in Ägypten und Syrien. Der autokratische Islam ist im Grunde die am weitesten verbreitete Regierungsform im Nahen Osten gewesen. Einige Führer sind durch Familienabstammung an die Macht gekommen und andere durch einen Militärputsch. Aber von Mohammed über Saladin bis zu Gamal Abdel Nasser und Hafis al-Assad haben starke Führungspersonen Anhänger – und Feinde – angezogen. Und die Fähigkeit des Führers, seine Anhänger zu belohnen und seine Feinde zu besiegen, bestimmte, ob er erfolgreich war oder scheiterte.

Bei so vielen verschiedenen Persönlichkeiten, Führungsstilen und Regierungsformen erscheint diese Kategorie zu weit gefasst. Aber ausser einem starken Führer scheinen diese Regierungen auch noch ein anderes wesentliches Merkmal gemein zu haben – den Islam –, wie ihre eigenen Verfassungen deutlich machen:

- *Ägypten:* «Der Islam ist die Staatsreligion und Arabisch die offizielle Sprache. Die Grundsätze der islamischen Scharia sind die Hauptquelle der Gesetzgebung» (Artikel 2).
- *Irak:* «Der Islam ist die offizielle Staatsreligion, und er ist eine grundlegende Quelle der Gesetzgebung» (Artikel 2).
- *Jordanien:* «Der Islam ist die Staatsreligion» (Artikel 2).
- *Saudi-Arabien:* «Zur Unterstützung des Buches Gottes und der Sunna seines Boten ... sollen die Bürger dem König den Treueeid ablegen» (Artikel 6). «Die Regierung im Königreich Saudi-Arabien leitet ihre Autorität vom Buch Gottes und der Sunna des Propheten ab, ... die die höchsten Bezugsquellen für dieses Gesetz und die anderen Gesetze des Staates sind» (Artikel 7). «Die Kontrolle im Königreich Saudi-Arabien basiert auf Gerechtigkeit, Schura [Beratung] und Gleichheit nach der islamischen Scharia» (Artikel 8).
- *Syrien:* «Die Religion des Präsidenten der Republik muss der Islam sein. ... Die islamische Rechtswissenschaft ist eine Hauptquelle der Gesetzgebung» (Artikel 3).

In diesen Ländern ist der Islam nicht nur ein historisches, kulturelles oder religiöses Erbe des Staates. Er ist ein wesentlicher Teil des Staates selbst. Der Westen hat versucht, Kirche und Staat voneinander zu trennen, wie die US-amerikanische Verfassung und die Bill of Rights zeigen. Doch in den meisten islamischen Ländern sind Religion und Staat nicht voneinander zu trennen.[11]

3. Der theokratische Islam

Die letzte Ausdrucksform der islamischen Regierung im Nahen Osten scheint die reinste und zugleich auch gefährlichste zu sein: der theokratische Islam. Der Begriff «theokratisch» stammt von den beiden griechischen Wörtern: *theos* («Gott») und *cratos* («Herrschaft»). Eine Theokratie ist Gottes direkte Herrschaft über die Menschheit. Und wenn Gott der Herrschende ist, sollte alles perfekt vor sich gehen. Leider war diese Erfahrung unter solch menschlichen Voraussetzungen selten zu machen.

Innerhalb des Islams könnte man den schiitischen Iran als das «Modell» des theokratischen Islams betrachten. Obschon das Land offiziell eine Republik ist, wird es in Wirklichkeit von den Ayatollahs regiert. Ayatollah bedeutet wörtlich «Zeichen Gottes», und diese Herrscher werden als Gottes sichtbare Gegenwart auf der Erde angesehen. Sie nehmen Unfehlbarkeit für sich in Anspruch, sodass jede ihrer Entscheidungen für ihre Untertanen bindend ist. Die iranische Verfassung verankert diese Theokratie im Gesetz und sagt, dass «alle zivilen, rechtlichen, finanziellen, ökonomischen, administrativen, kulturellen, militärischen, politischen und anderen Gesetze und Rechtsverordnungen auf islamischen Kriterien basieren müssen. Dieser Grundsatz gilt bedingungslos und allgemein für alle Artikel der Verfassung sowie für alle anderen Gesetze und Rechtsvorschriften, und die [weisen Personen] des Wächterrates sind Richter in dieser Angelegenheit».[12]

Obwohl er am anderen Ende des theologischen Spektrums steht, haben der Islamische Staat und sein Führer Abu Bakr al-Husayni al-Qurashi al-Baghdadi einen ähnlichen Führungsstil. Al-Baghdadi verkündete die Wiedereinführung eines islamischen Kalifats mit ihm als dem verantwortlichen Kalifen Ibrahim. Das Wort *Kalif* stammt von dem arabischen Wort für Nachfolge und verweist auf eine Zeit zurück, als ein Mann als oberster religiöser und politischer Führer herrschte. Al-Baghdadi führt eine Theokratie ein, und *er* wird die Person sein, die im Namen Gottes spricht!

Hinsichtlich der Gründung eines Kalifats sind der Islamische Staat und Al-Qaida aus demselben theologischen Stoff. Al-Qaida behauptete, ihr Hauptziel sei «der Sieg der mächtigen Religion Allahs, die Einrichtung eines islamischen Regimes und die Wiederherstellung des islamischen Kalifats, so Gott will». Die Führung beider Gruppen erwartet von ihren Anhängern absoluten Gehorsam. Al-Qaida liess seine Anhänger sogar einen Vertrag unterzeichnen, in dem es unter anderem heisst: «Ich schwöre Allah meine Treue, und übereinstimmend mit ihm, meinen Vorgesetzten gehorsam zu sein und auf sie zu hören.» Das ist mehr als eine gesetzliche Bedingung; es ist auch eine religiöse Pflicht. «Die religiöse gesetzliche Pflicht, so wie der al-Dschihad und der Gehorsam gegenüber höhergestellten Autoritäten, sind die Pflicht jedes Muslims durch das religiöse Gesetz.»[13]

Wenn sich der Islamische Staat und Al-Qaida so ähnlich sind, warum ist der IS dann über Al-Qaida hinausgegangen und hat die Bildung eines Kalifats verkündigt? Ein möglicher Grund könnte der unterschiedliche Familienhintergrund und die religiöse Ausbildung der Führung beider Gruppen sein. Die Gründer von Al-Qaida waren Laien – Osama bin Laden war ein Bauingenieur und sein Nachfolger, Aiman al-Zawahiri, ein Arzt. Aber Abu Bakr al-Baghdadi führt seine Familiengeschichte auf den Stamm von Mohammed zurück. Und was die theologische Ausbildung betrifft, so «besitzt Baghdadi einen Doktortitel von der Islamischen Universität Bagdad mit dem Schwerpunkt islamische Kultur, Geschichte, Scharia und Rechtswissenschaft».[14]

Die Herrschaft islamischer Regierungen

Ayatollah Khomeini fasste sein Verständnis von der «idealen» islamischen Regierung zusammen, eine Definition, die die Regierungen der meisten islamischen Staaten zu beschreiben scheint: «Die islamische Regierung ist weder despotisch noch absolut, sondern konstitutionell. Sie ist nicht konstitutionell im gegenwärtigen Wortsinn, d. h., basierend auf der Anerkennung von Gesetzen in Übereinstimmung mit der Mehrheitsmeinung. Sie ist in dem Sinne konstitutionell, dass die Herrschenden bestimmten Bedingungen bei der Führung und Verwaltung des Landes unterliegen, Bedingungen, die im [Koran] und der *Sunna* (Überlieferungen des Propheten) zu finden sind. ... [Es kann beschrieben werden] als die Herrschaft des göttlichen Gesetzes über die Menschen.»[15]

Im Nahen Osten ist es nicht wirklich entscheidend, welche «Art» von Regierung an der Macht ist. Mit welcher Haut das Äussere auch überzogen sein mag, die Knochen, Muskeln, Sehnen und lebenswichtigen Organe sind der Islam und der Koran. Und wenn Wissen Macht ist, dann sind Männer wie al-Baghdadi wirklich mächtig, da sie die Fähigkeit besitzen, den Koran so einzusetzen, dass sie Bilder einer vergangenen Herrlichkeit und eines zukünftigen Sieges – auch unter hohem Blutzoll – heraufbeschwören können.

Das Malwiya-Minarett in Samarra.

KAPITEL 7:
Öl und Wasser: Den Gesamtzusammenhang erkennen

Am Anfang steht das Verständnis, dass die Lösung für diese Situation äusserst komplex ist.

Tony Blair
Ehemaliger britischer Premierminister[1]

Sektiererische Gewalt erschüttert den Nahen Osten, und ethnische Differenzen verstärken das Problem noch. Ein Besuch in Samarra, Irak, könnte uns helfen, den Grund besser zu verstehen. Halten Sie sich daher am inneren Geländer fest, wenn Sie mir auf die Spitze des Malwiya-Minaretts oberhalb der Ruinen der Grossen Moschee von Samarra folgen.

Der Name des Minaretts, *Malwiya*, ist auf das arabische Wort für *verdreht* zurückzuführen. Und der ca. 50 Meter hohe, spiralförmige Aufstieg zur Spitze – ohne äusseres Schutzgeländer – ist ein schwindelerregendes Abenteuer (siehe Seite 86). Das Minarett wurde vor fast 1300 Jahren gebaut und bietet eine spektakuläre Aussicht auf diese Stadt am Tigris, etwa 110 Kilometer nördlich von Bagdad.

Die Vogelperspektive verleiht uns den Blick, den wir brauchen, um die Komplexität zu begreifen, die einen grossen Teil der Schwierigkeiten im Nahen Osten heute verursacht.

Die darunter liegenden Ruinen sind die Überreste der Grossen Moschee von Samarra. Und die goldene Kuppel ist die Al-Askari-Moschee. (siehe das Bild auf der folgenden Seite). Die jüngsten Ereignisse haben ihre Spuren in Samarra hinterlassen. Die Spitze des Malwiya-Minaretts, von der dieses Foto gemacht wurde, wurde 2005 teilweise von einer Bombe zerstört. 2006 wurde die Al-Askari-Moschee von sunnitischen Aufständischen gesprengt, und ihre beiden Minarette wurden 2007 zerstört!

Alte Ruinen, moderne Bedeutung

Aber Samarras Bedeutung geht viel tiefer. Die Stadt wurde 836 n. Chr. von einem abbasidischen Kalifen gegründet, der seine Hauptstadt von Bagdad hierhin verlegte. Fünfzig Jahre lang beherrschte Samarra die islamische Welt, bis ein späterer Kalif wieder Bagdad zur Hauptstadt machte. Die Al-Askari-Moschee enthält die Mausoleen des zehnten und elften schiitischen Imams, und Samarra war der Ort, wo der zwölfte und letzte Imam (der Mahdi) untertauchte.

Das macht die Al-Askari-Moschee zu einer der heiligsten Stätten der Schiiten. Dennoch sind die meisten Einwohner Samarras Sunniten. Die Stadt gehört zum «sunnitischen Dreieck», der Region im Irak, in der die meisten sunnitischen Araber leben.

Im 18. Jahrhundert mussten die Menschen von Samarra einen grossen internationalen Konflikt ertragen. Die Schlacht von Samarra im Jahr 1733 entschied das Schicksal der ganzen Region. In diesem monumentalen 9-stündigen Kampf standen 70 000 Perser 80 000 Osmanen gegenüber. Die Osmanen verloren die Schlacht beinahe, als 2000 Kurden aus ihrer Armee flüchteten. Aber letztlich besiegten die Osmanen die persische Armee, durchbrachen die Belagerung Bagdads und behielten die Kontrolle über die Region. Dieser Sieg hatte jedoch einen hohen Preis. Am Ende des Tages gab es auf beiden Seiten 50 000 getötete oder verwundete Soldaten.

Die Al-Askari-Moschee vor ihrer Zerstörung 2006.

Stellen Sie sich jetzt einmal vor, Sie wären in Samarra aufgewachsen und hätten in den Ruinen der ehemaligen Hauptstadt eines islamischen Kalifats gespielt. Die religiösen Spannungen zwischen Sunniten und Schiiten hätten Sie aus erster Hand mitbekommen. Und Sie hätten von den Schlachten gehört, die zwischen den wichtigsten ethnischen und religiösen Kräften der damaligen Zeit ausgefochten wurden, um die Kontrolle über die Region zu gewinnen. Während andere aus Samarra möglicherweise von der herrlichen Vergangenheit der Stadt träumten, nutzte ein Junge diese Geschichte, um die Zukunft des Islams neu zu gestalten. Sein Name ist Abu Bakr al-Baghdadi – der Gründer und selbsternannte Kalif des Islamischen Staates!

Die Araber: Camelot ... oder Kamelland?

Der Westen hat Schwierigkeiten zu verstehen, wie eine so brutale Gruppe wie der IS – und sein entschlossener Führer Abu Bakr – so schnell entstehen und so erfolgreich werden konnte. Westliche Nationen haben nicht begriffen, dass der Nahe Osten im Kampf um vier sensible Themen steckt: Öl, Wasser, Religion und Ethnie. Wir haben das religiöse Thema erforscht, aber zum Verständnis der IS-Krise müssen wir auch die drei anderen noch besser begreifen. Lassen Sie uns also die ethnischen Gruppen untersuchen, die die Region dominieren, um zu verstehen, in welchem Verhältnis sie zum Islamischen Staat stehen.

Bis ins frühe 20. Jahrhundert war der Nahe Osten den meisten Amerikanern ein Rätsel. Ein amerikanischer Marineoffizier und Historiker prägte 1902 den Begriff «Naher Osten» für das Gebiet in der Mitte von Arabien und Indien.[2] Die Region wurde fast vier Jahrhunderte vom Osmanischen Reich kontrolliert.

Ein Grossteil der Arabischen Halbinsel bestand aus der Provinz Hedschas (auch Hejaz), während das Land, das heute Irak genannt wird, unter religiösen und ethnischen Abstammungslinien in die

Provinzen Basra, Bagdad und Mossul aufgeteilt war. Der Provinz Syrien unterstand ein grosser Teil des heutigen Syrien und Jordanien, während die Provinz Beirut die Kontrolle über den heutigen Libanon, das nordwestliche Syrien und Nordisrael hatte. Jerusalem war eine eigene separate Region.[3]

Am Ende des 19. Jahrhunderts begannen westliche Reisende den Nahen Osten zu besuchen. Aber diese Amerikaner, die anschliessend Berichte über ihre Reisen verfassten, konzentrierten sich auf das Einzigartige, Fremde und Ungewöhnliche. So wie England-Reisende die Burgen beschreiben, neigten die Besucher des Nahen Ostens mehr dazu, ihre erste Begegnung mit einem Kamel festzuhalten.[4] Andere schrieben über sonderbare oder feindselige Einheimische. In seinem populären Reiseführer über *Palästina und Syrien* äusserte Karl Baedeker sogar seine persönlichen Reisewarnungen für bestimmte Städte. «Es ist ratsam, [in Hebron] einen Führer zu nehmen, ... da die hier ansässigen Muslime für ihren Fanatismus berüchtigt sind. Reisende werden ernstlich vor diesem Bettler gewarnt, dem Sohn des verstorbenen alten Scheichs Hamza.»[5]

Die Faszination und Verwirrung vom und über den Nahen Osten nahm im Lauf der Zeit nur noch zu.

Bis zum Ersten Weltkrieg hatte der Westen die Komplexität dieses alten und einzigartigen Teils der Welt nicht begriffen. Amerikaner konzentrierten sich auf die Religion und suchten nach Verbindungen zu den Ereignissen und Geschichten der Bibel.[6] Europa legte den Schwerpunkt hingegen auf wirtschaftliche Aspekte. Die europäischen Mächte hatten die neue Welt, Afrika und den Fernen Osten kolonisiert. Da das Osmanische Reich im Niedergang begriffen war, sahen sie die Möglichkeit, dasselbe mit dem Nahen Osten zu machen.[7]

Doch während Europa den Nahen Osten als Möglichkeit zur kolonialen Expansion ansah, betrachteten die Menschen im Nahen Osten Europa als ihre Chance auf Befreiung von der osmanischen Kontrolle. Die Mehrheit der im Nahen Osten lebenden Menschen waren arabischsprachige sunnitische Muslime. Obwohl sie den Nationalismus nicht wirklich übernahmen, gab es ein Bewusstsein für eine ethnische oder eine Stammesidentität zusammen mit einer starken religiösen Verbindung zur Region. Und sie *hatten* unter der Herrschaft der Osmanen gelitten.

> «Der arabische Nationalismus an sich ist nicht mehr als die Überzeugung, dass die Araber eine grosse historische Nation bilden, getrennt nur durch eine Reihe von imperialen Herrschern, von den Mongolen über die Osmanen bis zu den westlichen Mächten, in jüngster Vergangenheit durch die Vereinigten Staaten und Israel. Das Schicksal der Araber ist es somit, sich wieder zu vereinen und dadurch die Trennungen und Grenzen zu überwinden, die ihnen Ausländer aufgedrängt haben.»
>
> **Lee Smith**
> *«Irakische Aufständische brüsten sich mit dem Aufbau eines arabischen Superstaates»*[8]

Der Führer des selbsternannten Königreichs von Hedschas war der Scherif und Emir von Mekka, Hussein ibn Ali. Er begann den Aufstand gegen das Osmanische Reich und ernannte sich selbst zum ersten König Arabiens und schliesslich zum Kalif. Unglücklicherweise blieb sein Anspruch nicht unangefochten. Die Familiendynastie Saud lehnte seine Autorität ab und vertrieb ihn letzten Endes von der Arabischen Halbinsel. Alle Hoffnung auf eine arabische Einheit löste sich auf, da sich die verschiedenen Stämme und Regionen nicht auf einen gemeinsamen Führer einigen konnten.

Aber die Vision überlebte. In den vergangenen hundert Jahren träumte die arabische Welt von einem arabischen Staat, einer einzigen Einheit, unter der alle Araber vereint werden könnten. Der ägyptische Staatspräsident Gamal Abdel Nasser versuchte, für seine Vision eines arabischen Nationalismus zu werben, der jeglichem Kolonialismus entgegentreten (was seiner Ansicht nach den Staat Israel einschloss) und stattdessen einen vereinten panarabischen Staat hervorbringen sollte.

Nassers Plan scheiterte, aber danach kam der Aufstieg der Baath-Parteien in Syrien und im Irak – angeführt von Hafis al-Assad respektive Saddam Hussein. Die Philosophie und die Ziele in beiden Ländern waren dieselben, auch wenn sich die religiöse Ausrichtung der Führer unterschied. «Saddam Hussein denkt in Kreisen», sagte Amatzia Baram, Professor an der Universität Haifa. «Sein unmittelbarster Kreis ist der Golf, der für ihn die Nummer eins bleibt. Aber darüber hinaus gibt es den Kreis der arabischen Welt, in der er die Hegemonie anstrebt.»[9]

Hussein wollte die absolute Vorherrschaft über die Region. Aber die Philosophie der Baath-Partei konnte nicht einmal die beiden Länder miteinander vereinen, die sie für sich beanspruchten.

Und dennoch, das Konzept einer panarabischen Einheit bleibt eine Idee, die einfach nicht sterben will. Ein führendes arabisches Mitglied der israelischen Knesset (Israels Parlament) verursachte einen Proteststurm, als es 2014 dieselben Ansichten äusserte. «Wir unterstützen einen vereinten Staat in der arabischen Welt als Vorbereitung auf einen vereinigten Staat in der ganzen islamischen Welt mit ihren 1,4 Milliarden Menschen. ... Ich möchte einen Zivilstaat, der entsprechend der Propheten und Kalifate funktioniert und den aufrechten Weg geht.»[10]

Der Sirenengesang der arabischen Einheit erklingt nun schon ein Jahrhundert und er hat eine Reihe von Führern angezogen mit katastrophalen Konsequenzen für alle. Der Islamische Staat ist die neuste Folge von Möchtegern-Kalifen, die alle sunnitischen Araber – und letzten Endes alle Muslime – in einem einzigen islamischen Staat zu vereinen suchen.

Iran: Persien auf der Suche nach einem Reich

Für die meisten Amerikaner bleibt der Iran ein Rätsel. Nach dem Aufkommen der Islamischen Republik Iran und dem Sturm auf die US-Botschaft in Teheran brachen der Iran und die Vereinigten Staaten 1979 ihre diplomatischen Beziehungen ab. Schliesslich wurde der Iran von der US-amerikanischen Aussenpolitik in einem besondern Kreis von Nationen aufgenommen – einer von drei Staaten, die Präsident George W. Bush als die «Achse des Bösen» bezeichnete. Was macht den Iran also so einmalig? Wieder liegt die Antwort versteckt in der Vergangenheit.

«Der Iran strebt aggressiv den Besitz von [Massenvernichtungs]waffen an und exportiert Terror. ... Solche Staaten und ihre terroristischen Verbündeten bilden eine Achse des Bösen und bewaffnen sich, um den Frieden der Welt zu bedrohen.»

Präsident George W. Bush
Rede zur Lage der Nation, 29. Januar 2002

Adolf Hitler sprach von der Überlegenheit der «arischen Herrenrasse». Aber bevor die Nazis die Welt überfielen, wurde arisch nicht zur Beschreibung rassischer Überlegenheit herangezogen. Es bezog sich einfach auf Menschen, die ein indogermanisches Erbe gemeinsam hatten. Und eines dieser arischen Länder war der Iran. Der Name «Iran» stammt von derselben Sprachwurzel wie *Arier* und bedeutet die «Edlen».

Die Begriffe «Iran» und «Persien» werden häufig synonym verwendet. Und obschon sie nicht völlig identisch sind, überschneiden sie sich doch. Das antike Persien füllte einen grossen Teil des Territoriums des heutigen Irans aus. Und die offizielle Sprache im Iran ist Farsi, eine moderne Version des alten Persisch, das heute in arabischer Schrift geschrieben wird. Iraner sind *keine* Araber, sie sprechen *kein* Arabisch und die grosse Mehrheit sind keine sunnitischen Muslime. Und historisch gesehen haben sie schon immer versucht, ihr Reich nach Westen auszudehnen.

Ein jüdischer Prophet sagt die Zukunft Persiens voraus

Im alttestamentlichen Buch Daniel hatte der Prophet eine Vision, in der er in der Burg Susa stand, was heute im Südwesten des Iran liegt. In seiner Vision sah er einen Widder mit zwei Hörnern, der «gegen Westen, Norden und Süden stiess; und kein Tier konnte vor ihm bestehen, und niemand konnte aus seiner Gewalt erretten, sondern er tat, was er wollte, und wurde gross» (Dan 8,4). Danach sagte der Engel Gabriel zu Daniel: «Der Widder mit den beiden Hörnern, den du gesehen hast, das sind die Könige der Meder und Perser» (Dan 8,20).

Daniel lebte lang genug, um die anfängliche Erfüllung der Vision zu sehen. Kyrus, der König des medo-persischen Reiches, führte seine Armee nach Westen und nahm ganz Babylonien ein. Schliesslich dehnten sich die Perser südlich nach Ägypten und westlich nach Kleinasien (die heutige Türkei) aus. Letztlich wurden sie von den Griechen aufgehalten und wieder zurückgedrängt. Aber 200 Jahre lang herrschten die Perser über den Nahen Osten.

Nach dem Aufstieg Alexander des Grossen wandte der Nahe Osten seinen Blick westwärts, da Griechenland und später Rom den Mittelmeerraum beherrschten. Aber im Iran entstand eine andere Macht, die das medo-persische Reich ablöste. Die Parther aus dem nordöstlichen Iran errichteten schliesslich ein Reich, das sich vom Euphrat im Westen bis zum Indus im Osten erstreckte. Und die Kampflinie zwischen Parthien und Rom verlief direkt durch den Nahen Osten.

Weniger als fünfzig Jahre vor der Geburt Jesu führten die beiden Supermächte eine Schlacht im heutigen Südosten der Türkei. Die Parther besiegten die Römer, töteten 20 000 Soldaten und nahmen weitere 10 000 gefangen. Es war eine der grössten militärischen Niederlagen Roms. Zwei Jahrzehnte später griffen die Parther Judäa an und zwangen Herodes den Grossen zur Flucht nach Jerusalem. Er liess seine Familie in Masada zurück und nahm einen Umweg, um Roms Hilfe zu erbitten und seinen Thron wiederzubekommen.

Konflikt in der islamischen Zeit

In der islamischen Frühzeit führten die muslimischen Araber eine wichtige Schlacht gegen die Perser. Diese Schlacht aus dem Jahr 636 n. Chr. ist bekannt als die Schlacht von Kadesia (auch al-Qadisiya). Und die muslimischen Araber gewannen. Eine Zeitlang waren sie nun die Herren. Aber es kam zu einem Wiederaufleben unter den Persern. Der Iran «wurde wirklich islamisiert, aber nicht araberisiert. Perser blieben Perser».[11]

Ob es nun Unterschiede in Sprache und Ethnie waren, die Perser hoben sich jedenfalls auch weiterhin ab. Und dieser Unterschied betraf schon bald den Islam selbst.

Um das Kaspische Meer herum entwickelte sich eine neue Dynastie, die schliesslich das ganze Gebiet kontrollierte, das heute als Iran bekannt ist. Es war die Dynastie der Safawiden, und ihr erster Herrscher war Schah Ismail I. Eine seiner einflussreichsten Entscheidungen war, den schiitischen Islam als offizielle Religion seines Reiches anzunehmen. Die Dynastie der Safawiden überdauerte nur zwei Jahrhunderte, spielte aber eine Schlüsselrolle in der Vereinigung Persiens unter einer gemeinsamen Sprache und einer gemeinsamen schiitischen Religion. Beide machten Persien, und den Iran heute, zu einem direkten Gegensatz zu den arabischsprachigen Sunniten im Westen.

Konflikt im späten 20. Jahrhundert

Gehen wir schnell vorwärts ins Jahr 1979, als Ayatollah Khomeini und die Iranische Revolution den letzten Schah des Iran stürzten. Nun schien es, als wäre der Konflikt mit den Arabern unausweichlich. Khomeini machte kein Geheimnis aus seiner Abneigung gegen die benachbarten arabischen Nationen und ihre Abhängigkeit vom Westen. Und er signalisierte seine Absicht, seine schiitische Auslegung des islamischen Fundamentalismus in diese Länder mit schiitischen Minderheiten zu exportieren.

Wieder einmal hatten die Perser vor, ihr Reich zu erweitern.

Im selben Jahr, in dem Ayatollah Khomeini die Kontrolle im Iran übernahm, kam Saddam Hussein im Irak an die Macht und begann seine lange und gewaltsame Herrschaft mit eiserner Faust. Ein Jahr später marschierte Hussein 1980 in den Iran ein, der Beginn des acht Jahre dauernden Iran-Irak-Kriegs. Es war auch das Jahr, in dem er mit dem Wiederaufbau des antiken Babylons anfing. Im Westen wurde der Zusammenhang nicht verstanden, im Gegensatz zu den im Nahen Osten lebenden Menschen. Es hätte keine deutlichere Erklärung von der «Grösse der Iraker, die nach mehr Herrlichkeiten strebten», geben können als die, die der irakische Informations- und Kulturminister später bekannt geben sollte.[12]

Der Iran-Irak-Krieg ist Geschichte – ebenso wie Saddam Hussein und Ayatollah Khomeini. Aber die Angst der arabischen Nationen vor dem schiitisch-geführten Iran bleibt. Aus dem Iran ist ein radikaler militärischer und religiöser Staat geworden, der die Spannungen zwischen Sunniten und Schiiten nur noch verstärkt.[13] Aufgrund der zunehmenden nuklearen Bedrohung des Irans steht die ganze Region am Rande einer Katastrophe. Ein 2013 veröffentlichtes Satellitenfoto zeigte Abschussrampen für saudische Raketen, die auf zwei Städte zielten – Tel Aviv und Teheran. Die in Richtung Israel weisende Abschussrampe war zu erwarten, die nach Teheran nicht. Der Leiter des Institute for Air and Space Strategic Studies (Institut für Strategische Luft- und Raumfahrtstudien) kommt zu dem Schluss, dass «der beabsichtigte Empfänger der saudi-arabischen Raketenwarnungen der Iran ist».[14]

Nach dem Sturz Saddam Husseins übernahm die schiitische Mehrheit die Kontrolle im Irak – mit amerikanischer Unterstützung. Und ihr alter Feind, der Iran, löste schon bald die Vereinigten Staaten als neuer Förderer und Helfer ab. Der Islamische Staat wurde von der sunnitischen Bevölkerung im Irak unterstützt, weil sie sich von der vom Iran unterstützten schiitischen Regierung von Nuri al-Maliki in grossem Masse entrechtet und bedroht fühlte.

Die Türkei, wo Wasser Leben bedeutet

Das Osmanische Reich begann in der Türkei. Schliesslich dehnte es sich aus, um die meisten Gebiete des Nahen Ostens und Teile

Südosteuropas zu kontrollieren. Als die türkischen Armeen 1453 Konstantinopel einnahmen, übernahmen sie die Kontrolle über das Byzantinische Reich. Und bis zu seiner Niederlage im Ersten Weltkrieg dominierte das Osmanische Reich den Nahen Osten als letztes islamisches Kalifat. Für viele Araber im Nahen Osten stellt die Türkei eine imminente und existenzielle Bedrohung dar, weil sie das Wasser des Tigris und des Euphrats kontrolliert.

Und im Nahen Osten bedeutet Wasser Leben.

Anfangend in den 1970ern startete die Türkei mit dem Bau von 22 Staudämmen und 19 Wasserkraftwerken am Tigris und Euphrat. Wasserressourcen und Elektrizität haben die Modernisierung und Entwicklung der Türkei entscheidend vorangebracht. Aber der Fortschritt der Türkei hatte für Syrien und den Irak, die beiden Länder stromabwärts, einen hohen Preis. Laut einem Bericht von 2012 «sagt eine Prognose, dass bei Abschluss [des Projekts] der Wasserfluss in den Irak um etwa 80 Prozent und der nach Syrien um 40 Prozent reduziert sein wird».[15]

Der verminderte Wasserfluss ist ein Problem, aber zwei Faktoren haben aus dem Problem eine Krise gemacht. Der erste ist die wachsende syrische und irakische Bevölkerung. 1980 hatte Syrien etwas unter neun Millionen Einwohner. 2013 war die Zahl auf nahezu 23 Millionen angestiegen, ein 150-prozentiger Zuwachs. Im selben Zeitraum hat sich die Bevölkerung des Irak mehr als verdoppelt, von unter 14 auf über 33 Millionen. Mehr Menschen brauchen Wasser, aber immer weniger kommt über die beiden Hauptflüsse. Das ist die Grundlage für einen intensiven und lang währenden Konflikt.

«Das Ergebnis der irakischen und syrischen Konflikte könnte davon abhängen, wer die schwindenden Wasservorräte der Region kontrolliert.»

John Vidal
The Guardian[16]

Der bereits reduzierte Wasserfluss aus Tigris und Euphrat hat sich durch ein zweites Problem noch verringert – eine anhaltende Trockenheit. 2014 formulierte ein Umweltökonom das Problem mit drastischen Begriffen, als er von einer anhaltenden Trockenheit sprach, die über ein Jahrhundert nicht mehr aufgetreten war.[17]

Mehr Menschen versuchen mit weniger Wasser zu überleben. Ackerland vertrocknet unter der heissen Sonne des Nahen Ostens. Es gibt kein Wasser für Bewässerung. Das alles führt zu einer kritischen Situation, die nach einer vereinigenden Kraft verlangt.

Die Kurden: Die grösste Minderheit ohne eigenes Land

Die letzte ethnische Gruppe, die die Wege anderer Gruppen im Nahen Osten kreuzt, sind die Kurden. Mit einer Bevölkerung von annähernd 30 Millionen sind die Kurden die grösste ethnische Gruppe in der Welt ohne eigenes Land.[18] Das kurdische Volk lebt zurzeit in einer Region, die sich über vier Länder erstreckt – Iran, Irak, Syrien und Türkei. Und mit jedem dieser Länder haben sie um das Recht auf Selbstbestimmung gekämpft.

Die Herkunft der Kurden ist nicht vollends verstanden worden. Sie bewohnen die Region, die einst die Heimat der alten Meder war, aber nicht jeder glaubt, dass diese beiden Gruppen miteinander verwandt sind. Allerdings teilen Kurden und Meder eine historische Tatsache. Beide wurden von ihren Nachbarn in den Schatten gestellt. Die Meder waren die unbedeutendere Hälfte des medopersischen Reiches; und die Kurden befinden sich heute unter der Kontrolle der Türken, Araber und Perser, die sich dagegen wehren, dass Kurden ihr eigenes Land gründen.

Mehr als dreissig Jahre haben die Kurden gegen diese Regierungen und für ein unabhängiges Kurdistan gekämpft. 1988, am Ende des Iran-Irak-Krieges, griff Saddam Hussein die widerspenstigen Kurden an, die im Nordirak lebten. Bei diesem Angriff kamen 200 000 Kurden ums Leben. Der Iran tötete nahezu 30 000 Kurden und schlug den Aufstand in seinem Land nieder. Die Türkei tötete schätzungsweise 35 000 Kurden, zerstörte 4000 Dörfer und vertrieb bis zu einer Million Flüchtlinge in ihrem Kampf gegen die Kurden. Syriens Widerstand gegen die Kurden war weniger stark, aber das begann sich mit dem Aufkommen des IS zu ändern.

Als der Islamische Staat anfangs in den Nordirak zog, entschieden sich die Kurden, sich nicht einzumischen. Die Kurden und der Islamische Staat sind beide Sunniten. Und beide haben eine Abneigung gegen die von Schiiten dominierte Regierung in Bagdad. Doch ein kurdischer Politiker räumt jetzt ein: «Die Politik der Indifferenz gegenüber den IS-Angriffen auf den Irak war ein Fehler.»[19]

Warum wandte sich der IS schliesslich gegen die Kurden? Ethnische Differenzen und die mangelnde Bereitschaft der Kurden, sich der strengen Koranauslegung des Islamischen Staates zu unterwerfen, waren zwei wichtige Gründe. Es gab aber noch einen dritten Grund – Öl. Die Kurden im Nordirak kontrollieren mehrere Ölfelder, und der Islamische Staat braucht dringend Einnahmen, um seinen Vormarsch fortsetzen zu können.

Der Erfolg des IS inmitten der Unruhen im Nahen Osten

Der Erfolg des Islamischen Staates geht teilweise auf die grösseren Probleme zurück, die den Nahen Osten durchziehen. Die iranische Unterstützung der von Schiiten dominierten Regierung im Irak basiert auf religiöser Verbundenheit, aber sie hat den Sunniten im Irak ein Gefühl der Entrechtung und Bedrohung vermittelt. Das Aufstauen des Wasserzuflusses durch die Türkei hat zu einer wirtschaftlichen Notlage und zunehmenden ethnischen Spannungen geführt. Für die syrischen und irakischen Sunniten erschien der Islamische Staat genau zum richtigen Zeitpunkt, und er gibt ihnen Hilfe und Hoffnung. Solange sich die wirtschaftliche oder politische Landschaft nicht drastisch verändert, scheint der IS den Heimvorteil auf seiner Seite zu haben.

Für die meisten Menschen vermischt sich Öl nicht mit Wasser. Für den Islamischen Staat bedeuten Öl und Wasser alles. Und er ist entschlossen, beides zu kontrollieren, um alles kontrollieren zu können.

KAPITEL 8:

Führt der Islamische Staat zu Harmageddon?

Ihr werdet aber von Kriegen und Kriegsgerüchten hören;
habt acht, erschreckt nicht; denn dies alles muss geschehen;
aber es ist noch nicht das Ende.

— Jesus —
Matthäus 24,6

Die Entwicklungen im Nahen Osten scheinen anzudeuten, dass Amerikas Offensive gegen den Islamischen Staat der Organisation eher helfen, als ihr schaden könnte. In einer Botschaft an seine Anhänger rühmte sich der Kalif des Islamischen Staates einer ständig wachsenden Unterstützung für seine Gruppe. «Wir geben euch die Ausweitung des Islamischen Staates auf neue Länder bekannt, auf die Länder Haramain [Saudi-Arabien], Jemen, Ägypten, Libyen, Algerien.»[1] Bis jetzt haben islamische Gruppen in mindestens zehn Ländern dem IS ihre Unterstützung zugesichert.[2]

Wenn der Islamische Staat ein Unternehmen wäre, könnten wir über ihn sagen, dass er sich aktiv mit der Verpflichtung von Franchisenehmern befasst. Aber ein besserer Vergleich wäre der mit einem Diktator, der nach Verbündeten sucht – und ihnen für ihre Loyalität einen Anteil an der Beute bietet. Der Islamische Staat verfolgt sein Ziel unermüdlich. Mit der Zeit ist er zu einer gut strukturierten und finanziell ausgestatteten Terrororganisation geworden. Erst kürzlich hat ISIS mit einer raffinierten Rekrutierungskampagne begonnen, in der Hoffnung, Ingenieure und qualifizierte Führungskräfte anzuwerben, die ihnen bei der Leitung ihres neuen Ölimperiums helfen sollen – das ausnahmslos aus eroberten ölreichen Gebieten im Irak und in Syrien entstanden ist.[3] Doch was kommt als Nächstes?

Die Bühne für zukünftige Dinge wird bereitet

Abu Musa, ein Sprecher des Islamischen Staates, machte eine unverfrorene Aussage über zukünftige Ziele. «Wir werden [Amerika] überall demütigen, so Gott will, und wir werden Allahs Flagge im Weissen Haus hissen.»[4] Ist er grössenwahnsinnig oder weiss er, was er sagt? Verfügt der Islamische Staat über die Fähigkeit, weiter zu expandieren, oder wird er ebenso plötzlich und dramatisch zusammenbrechen, wie er aufgekommen ist? Und, was möglicherweise am wichtigsten ist, hat sein Aufstieg eine prophetische Bedeutung?

Sowohl die Bibel als auch der Islam sprechen häufig über die Zukunft. Und die Parallelen zwischen beiden sind hin und wieder beachtlich. In seinem Buch *The Islamic Antichrist* (Der islamische Antichrist) stellt Joel Richardson 22 konkrete Ähnlichkeiten heraus.[5] Aber legen diese Ähnlichkeiten ein biblisches und prophetisches Schicksal für den Islam nahe, oder könnte es andere Gründe für die Parallelen geben?

Richardson hat sich viel Mühe gegeben, um den Islam zu beschreiben und die Parallelen zwischen dem Islam und dem zukünftigen Antichrist darzustellen. Aber es gibt gute biblische Gründe für die Annahme, dass der Islamische Staat nicht auf dem Weg nach Harmageddon ist. Die Parallelen zwischen den Aussagen der Bibel und denen des Islams über die Zukunft lassen sich teilweise durch die Tatsache erklären, dass Mohammed grosse Teile seiner Lehre aus dem Alten und Neuen Testament entnahm. Er versuchte, jüdische und christliche Lehren in den Islam zu integrieren, und gab es dann als endgültige Offenbarung aus. Daher sollte es nicht überraschen, dass der Koran Hinweise auf den Messias, die Rückkehr Jesu, eine letzte Versammlung der Nationen und sogar eine verheerende letzte Schlacht enthält.

«Muslime warten auf einen Mann, der behauptet, Jesus Christus zu sein. ... Die biblische Beschreibung des falschen Propheten und die islamische Beschreibung des muslimischen Jesus sind in allen entscheidenden Punkten identisch.»

Joel Richardson
The Islamic Antichrist[6]

Wenn man sich die islamische Sicht von der Zukunft anschaut, ist es wichtig, sich die Unterschiede zwischen dem Original und der fehlerhaften Kopie vor Augen zu führen. Das Alte und Neue Testament stimmen in der präzisen Beschreibung der Ereignisse überein, die zur Rückkehr Jesu und zur Aufrichtung des Reiches Gottes auf Erden führen. Uns wird nicht alles mitgeteilt, aber alles, was wir durch sie erfahren, ist wahr. Mohammed bediente sich bei der Bibel, um seine persönliche Version von der Zukunft zu zeichnen.

Doch statt sie der Bibel anzugleichen, ist seine Zukunftsvision im Koran vielmehr eine Verdrehung der biblischen Lehre.

Schaut man sich Picassos *Sitzende Frau* an, stellt man fest, dass es ein Gemälde von einer in einem Stuhl sitzenden Frau ist. Aber ihr Gesicht ist blau und ihr Haar grün, und die Augen in ihrem Gesicht sind an der falschen Stelle. Den realen Gegenstand anhand des Gemäldes zu identifizieren, ist praktisch unmöglich. Das Bild ist einfach zu verzerrt. Und das gilt auch für die Sicht des Korans über die Zukunft. Es bestehen zwar Ähnlichkeiten zur Bibel, aber die meisten sind nur oberflächlich.

Der Islamische Staat wartet auf den islamischen Mahdi. Und manche sehen Parallelen zwischen dem Mahdi und dem Aufstieg des biblischen Antichristen. Aber könnte der Antichrist aus einer islamischen Gruppe wie ISIS kommen? Das ist aus drei Gründen sehr unwahrscheinlich.

Merkmale des Antichristen: Er wird Israels Vertrauen haben

Das biblische Buch Daniel enthält eine bemerkenswerte Prophezeiung, die 490 Jahre umspannt (Dan 9,24–27). Das meiste dieser Prophezeiung ist bereits erfüllt (483 Jahre), aber der letzte sieben Jahre umfassende Zeitraum bleibt noch unerfüllt. Jesus bezog sich auf diese Prophezeiung, als er die zukünftigen Ereignisse beschrieb, die zu seiner Rückkehr führen (Mt 24,15). Und im neutestamentlichen Buch der Offenbarung bestätigte Johannes den genauen Zeitpunkt der zweiten Hälfte dieses letzten 7-jährigen Abschnitts (Offb 11,2–3; 13,5). Aber was viele beim Studium von Daniel 9 übersehen, ist der einzigartige Schwerpunkt auf dem jüdischen Volk und Jerusalem. Die Prophezeiung wurde gegeben als Antwort auf Daniels Gebet für die Stadt Jerusalem und sein Volk (Dan 9,16–19). Als der Engel Gabriel mit Gottes Antwort kam, sagte er, dass die Prophezeiung «über dein Volk und über deine heilige Stadt» gegeben wurde (V. 24).[7]

Die 7-jährige Drangsalszeit beginnt, wenn der Antichrist «mit den Vielen einen festen Bund schliessen wird eine Woche lang» (Dan 9,27). Da der Schwerpunkt von Daniels Gebet – und Gottes Erhörung – auf Israel liegt, muss der Bund, der diesen letzten Zeitraum einleitet, in irgendeiner Form mit dem jüdischen Volk in Verbindung stehen. Und wenn die Person, die diesen Bund schliesst, ihn zur Mitte des 7-jährigen Zeitraums bricht, muss Israel die betrogene Partei sein.

Warum ist es so wichtig, dass Daniel Jerusalem und das jüdische Volk in den Mittelpunkt stellt? Wenn der Bund zwischen dem Antichristen und Israel geschlossen wird, dann ist ein islamischer Antichrist kaum vorstellbar. Würde Israel jemals einem islamischen Herrscher seine nationale Sicherheit anvertrauen? Diese Vorstellung ist höchst unwahrscheinlich. Die Ereignisse der vergangenen sieben Jahrzehnte haben Israel wenig Anreize geliefert, seinen muslimischen Nachbarn zu vertrauen. Und wenn dieser zukünftige Führer ein inbrünstiger Anhänger des Islams wäre, würde Israel ihm noch weniger vertrauen.

Merkmale des Antichristen: Er wird von der Welt willkommen geheissen

Der Apostel Johannes beschreibt den Auftritt des Antichristen auf der Weltbühne. «Und ich sah, und siehe, ein weisses Pferd, und der darauf sass, hatte einen Bogen; und es wurde ihm eine Krone gegeben, und er zog aus als ein Sieger und um zu siegen» (Offb 6,2). Indem er sagt, dass der Antichrist auf einem weissen Pferd die Weltbühne betreten wird, stellt Johannes ihn als siegreichen Helden dar. Wenn Jesus, der wahre Christus, am Ende der Drangsalszeit auf die Erde zurückkehrt, beschreibt ihn Johannes ebenfalls auf einem weissen Pferd (Offb 19,11).

Eine erschöpfte Welt wird diesen Führer und Antichristen als jemanden willkommen heissen, der letztlich alle ihre Probleme lösen und Frieden bringen wird. Der Apostel Paulus bezeichnete diese Drangsalszeit als eine Zeit, in der die Menschen von «Friede und Sicherheit» sprechen werden (1. Thes 5,3). Wenn der Antichrist kommt, wird er Israel und der Welt globalen Frieden anbieten. Viele werden ihm vertrauen, weil er Sicherheit verspricht.

Es ist kaum vorstellbar, dass der Rest der Welt die Ankunft eines islamischen Antichristen, insbesondere aus dem Islamischen Staat, mit Hoffnung auf Frieden und Sicherheit verbinden könnte. Unsere Reaktion auf den Aufstieg des IS ist das genaue Gegenteil. Weder Israel noch der Westen finden die islamischen Eroberungen tröstlich, die von derart barbarischen Methoden und Impulsen begleitet werden.

Merkmale des Antichristen: Er kommt aus dem Römischen Reich

Der Prophet Daniel gibt mehrere hilfreiche Hinweise, die den Antichristen näher bestimmen. In Daniel 2 und 7 beschreibt er vier konkrete Weltmächte, die aufeinander folgen und das verheissene Land bis zum Kommen des Messias unter ihre Kontrolle bringen würden. Es sind Babylon, Medo-Persien, Griechenland und Rom. Als Jesus zum ersten Mal auf die Erde kam, war gerade Rom an der Macht. In beiden Kapiteln sind die letzten Prophezeiungen über das Römische Reich noch unerfüllt. Die Statue in Kapitel 2 wurde noch nicht zerschmettert und Gottes Reich kontrolliert noch nicht die Erde. Und das abschliessende 3 ½-jährige Terrorregime des vierten Tieres in Kapitel 7 hat noch nicht stattgefunden. Das Römische Reich bestand beim ersten Kommen Christi, und bei seiner Rückkehr muss eine neue Form dieses Reiches existieren.

Daniel gibt uns noch einen zweiten Hinweis. In Daniel 9,27 spricht er die zukünftige 7-jährige Drangsalszeit für Israel an. Sie beginnt, wenn «er» einen Bund schliesst. Aber wer ist «er»? Das Bezugswort finden wir im vorangegangenen Vers. In Daniel 9,26 wird gesagt, nach dem Tod des Messias «wird die Stadt aber samt dem Heiligtum das Volk des zukünftigen Fürsten zerstören». Dieser zukünftige «Fürst» ist der Antichrist. Und seine Identität können wir zum Teil wissen, da die Römer 70 n. Chr. Jerusalem und den Tempel zerstörten.

Das Römische Reich beherrschte ein ausgedehntes Gebiet, das das Mittelmeer umspannte. Einige Teile dieses Territoriums sind heute islamisch, der Kern hingegen – Italien und das Gebiet in Europa – nicht.

Passt der Islamische Staat in die biblische Prophetie?

Wo passt der IS in den prophetischen Zeitplan? Die beste Antwort scheint zu sein, überhaupt nicht. Ist es möglich, dass Gott den Islamischen Staat zur Umgestaltung des Nahen Ostens benutzt? Durchaus denkbar. Gott hat die ganze Geschichte hindurch gewirkt, und er hat Nationen aufkommen lassen und zu Fall gebracht, während er das Weltgeschehen kontrollierte. Und auch der Islamische Staat steht unter Gottes Kontrolle.

Doch während sich alle auf den Islamischen Staat konzentrieren, zeichnet sich am Horizont schon eine andere Gefahr drohend ab. Und diese Bedrohung *wird* definitiv eine Rolle im Endzeitdrama Gottes spielen.

KAPITEL 9:
Der IS wird verdrängt: Die ultimative islamische Bedrohung

Als ich mich im Verlauf unserer Diskussionen über
die Koalition des ISIL [Islamischer Staat] mit Menschen traf ...
fand ich nicht einen Führer in der Region, der nicht spontan
die Notwendigkeit ansprach, zwischen Israel und den
Palästinensern Frieden zu schaffen, da dies ein Anlass
für Rekrutierungen und Zorn und Erregung auf der Strasse ist.

——— John Kerry ———
US-Aussenminister[1]

Frieden ist im Nahen Osten schon immer ein seltenes Gut gewesen. Und dennoch kennt die Bibel eine Zeit, in der Israel offensichtlich mit seinen Nachbarn in Frieden leben wird. Doch wird ein offizielles Abkommen zwischen Israel und den Palästinensern zum Frieden im restlichen Nahen Osten führen? Wird es den Hass der islamischen Fundamentalisten auf Israel in Luft auflösen?

Das wird leider nicht der Fall sein. Jeder israelisch-palästinensische Frieden macht es erforderlich, dass die Palästinenser Israels Existenzrecht als jüdischen Staat anerkennen. Und das werden viele islamische Fundamentalisten niemals tun. Der Islamische Staat mag nicht überleben, aber später wird er von einer viel mächtigeren und tödlicheren Koalition verdrängt.

Der Prophet Hesekiel beschreibt eine Zeit, in der diese Koalition Israel angreifen wird. Eines Tages wird eine andere Armee über den Nahen Osten kommen. Sie werden nicht die schwarzen Flaggen des IS tragen, aber ihre Absichten werden ebenso böse und zerstörerisch sein. Und sie werden, zumindest am Anfang, viel mehr erreichen, als sich der Islamische Staat jemals erträumen könnte.

«Nach vielen Tagen sollst du aufgeboten werden; zur letzten Zeit wirst du in das Land kommen, das dem Schwert entkommen und aus vielen Völkern wieder gesammelt worden ist, auf die Berge Israels; ... es wurde aber aus den Völkern herausgeführt, und sie wohnen nun alle in Sicherheit. Du aber wirst heraufziehen, herankommen wie ein Unwetter; du wirst sein wie eine finstere Wolke, die das Land bedecken will, du und alle deine Truppen und viele Völker mit dir.»

Hesekiel 38,8–9

Der nicht islamische Koalitionsführer und das von ihm regierte Land

In Hesekiel 38 beschreibt der Prophet ein Staatenbündnis, das Israel zu einer Zeit angreifen wird, wenn das Land schliesslich in Frieden zu leben scheint. Die von Hesekiel genannten Nationen sind auf modernen Landkarten nicht zu finden – Magog, Mesech,

Tubal, Perser, Kuschiten, Put, Gomer und Togarma. Aber zur Zeit Hesekiels waren es reale Länder oder Völker. Einige werden schon in 1. Mose 10 erwähnt. Aber wohin müssten wir reisen, um diese alten Länder zu finden, ... und wer ist ihr geheimnisvoller Führer, der Mann, der als «Gog» bezeichnet wird?

Über Gog. Hesekiel beginnt mit der Beschreibung des Führers dieser zukünftigen Koalition. Der Mann mit dem Namen Gog stammt aus dem Land Magog (Hes 38,2). Und an dieser Stelle schliessen viele ihre Bibel und weichen zurück! Aber es finden sich einige Details, die helfen, diesen Mann und das von ihm regierte Land zu identifizieren. Das erste Detail ist sein Name.

Viele glauben, der Name «Gog» wäre gleichbedeutend mit dem König Gyges, der über das Königreich Lydien herrschte. Gyges wuchs in dem Gebiet auf, das wir heute als den Nordosten der Türkei kennen. Es gibt mehrere unterschiedliche Legenden darüber, wie er an die Macht kam, aber sie alle stimmen darin überein, dass er das Land unter seine Kontrolle brachte, indem er den König tötete und seine Witwe heiratete. Gyges verbrachte den Rest seines Lebens mit der Erweiterung seines Reiches und starb schliesslich im Kampf. Obwohl das genaue Datum seines Todes umstritten ist, starb er offensichtlich weniger als ein Jahrhundert vor Hesekiels Prophezeiung.

Wenn Gyges jedoch schon tot war, warum sollte Hesekiel vorhersagen, dass Gog/Gyges «zur letzten Zeit» eine Invasion nach Israel anführt (Hes 38,8)? Leslie Allen macht einen interessanten Vorschlag. «Wie bei den Namen der Nationen wird auch hier offensichtlich eine grosse Gestalt aus der Vergangenheit gebraucht, um eine zukünftige Bedrohung zu beschreiben, so wie wir angsterfüllt von einem neuen Hitler reden würden.»[2] Gyges war ein skrupelloser Herrscher, der sein Reich mit aller Macht erweiterte. Und für die Generation vor der Zeit Hesekiels war er die Furcht erregendste Bedrohung, die je aus dem fernen Norden kam.

Indem er einen zukünftigen Führer als Gog/Gyges identifiziert, zeichnet Hesekiel mit einem Wort ein Bild eines skrupellosen Mannes, der bereit war, jeden und alles auszuschalten, was ihm im Weg stand. Er war das antike Gegenstück zu Hitler ... Stalin ... oder al-Baghdadi!

Möglich ist auch, dass Hesekiel diesen Führer mit einer ausdrucksstarken Wortassoziation als Gog identifiziert. Cooper erklärt, dass das Wort Gog vom sumerischen Wort *gug* abstammt, was «Finsternis» bedeutet.[3] Auf sehr beängstigende Weise wird dieser zukünftige Herrscher wie eine menschliche Finsternis agieren und seinen Schatten auf den Nahen Osten werfen. Das ist eine passende Beschreibung für diesen kommenden bösen Führer.

Über Magog. Gog könnte der Herrscher sein, aber wo genau liegt das Land Magog, das er regiert? In der Vergangenheit haben Magog viele mit den Skythen identifiziert, die in der Region nördlich des Schwarzen Meeres wohnten, der heutigen Ukraine und Russland. Die Skythen waren nomadische Stammesangehörige, und es ist möglich, dass sich Magog auf eine bestimmte Gruppe oder Region der Skythen bezog. Aber suchen Sie auf einer Landkarte das Schwarze Meer und gehen Sie mit dem Finger nach Norden. Das ist das Land Magog.

Über Mesech und Tubal. Gog ist auch der «oberste Fürst» (38,3; Luther 1912)[4] von Mesech und Tubal. Diese Länder lagen in der Region des antiken Kappadokien, dem heutigen nordöstlichen Anatolien. «Das geografische Gebiet würde heute Teile des Irans, der Türkei und Regionen im Süden Russlands einschliessen.»[5]

Die ultimative islamische Koalition

Perser, Kuschiten und Put. Die nächsten drei Nationen auf Hesekiels Liste (V. 5) sind Verbündete von Gog – sie alle werden sich seiner Invasion anschliessen. Und alle drei Länder haben eine moderne Entsprechung. Die Perser kamen aus dem Gebiet des heutigen Iran. Kusch war die Region südlich von Ägypten. Manche Übersetzungen identifizierten es mit Äthiopien, aber es umfasst auch den Sudan. Und Put bezog sich auf das Volk westlich von Ägypten, das heute das Land Libyen ist. Gog schliessen sich also drei Verbündete an, die alle aus verschiedenen Himmelsrichtungen kommen. Israel stand zuvor schon Feinden aus dem Norden, Osten, Süden und Westen gegenüber. Aber bei dieser zukünftigen Invasion kommen die Feinde aus weit entfernten Gebieten, zumindest von Israels Standpunkt aus.

Gomer und Togarma. Hesekiel erwähnt noch zwei weitere Verbündete und sein Kompass weist wieder einmal nach Norden. Gomer wird mit den alten Kimmeriern identifiziert, und das «Haus Togarma» mit der Region um Armenien. Beide kommen aus der Region des Schwarzen und Kaspischen Meeres und zogen schliesslich von dort auf die anatolische Halbinsel.[6] Togarma wurde auch mit den Türken oder dem türkischen Volk identifiziert, eine von mehreren nomadischen Volksgruppen, die in dieses Gebiet abwanderten.[7]

Die prophetischen Teile anordnen

Hesekiels Vision zeigt uns ein erstaunliches Profil einer Koalition, die es auf der Erde bisher noch nicht gab. Der Führer ist ein Architekt eines Weltreiches, der einem skrupellosen Herrscher ähnelt, der zur Zeit Hesekiels als Gyges bekannt war – eine hitlerähnliche Gestalt aus einer zukünftigen Generation.

Damit wir uns aber nicht fragen müssen, woher er kommt, weist Hesekiel ihn als die Person aus, die über eine Region nördlich des Schwarzen Meeres herrscht, auch wenn sich sein Reich bis zu dem Gebiet zwischen Schwarzem und Kaspischem Meer erstreckt. Es wird ausdrücklich gesagt, dass er «aus dem äussersten Norden» ist (V. 15).

Dieser neue und skrupellose Führer wird eine bunte Mischung aus Ländern zu einer Invasionstruppe versammeln, wie die moderne Welt sie noch nie gesehen hat. Im Uhrzeigersinn identifiziert Hesekiel die Verbündeten anhand der Region, aus der sie stammen. Heute finden sich in diesen Gebieten die Länder Iran, Sudan, Libyen und die Türkei.

Die prophezeiten Verbündeten von Gog

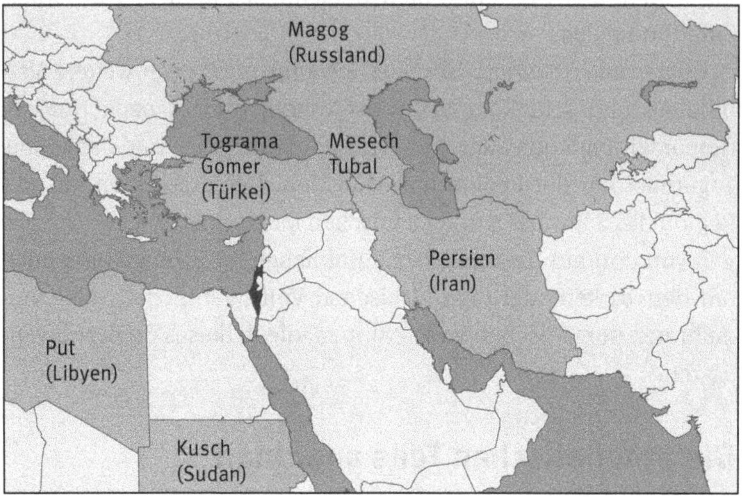

Wenn wir diese antiken Nationen und Völkergruppen auf einer modernen Landkarte suchen, machen wir eine interessante Entdeckung: Alle Verbündeten Gogs sind Gebieten zuzuordnen, die heute entweder vom islamischen Fundamentalismus beherrscht werden oder mit seinen Splittergruppen zu kämpfen haben. Der Iran wurde unter Ayatollah Khomeini ein islamischer Staat. Die nördliche Hälfte des Sudans beherbergte eine Zeitlang Osama bin Laden und diente für Hamasterroristen als Basislager für Waffen aus dem Iran. Libyen ist in islamische Splittergruppen zerfallen und versorgt den Islamischen Staat und islamische Streitkräfte in Ägypten und Gaza mit Kämpfern und Waffen. Die Türkei ist offiziell ein säkulares Land, aber die machthabende Partei hat ihre Wurzeln im islamischen Fundamentalismus. Visionen von einem türkischen Imperialismus und einem wieder auflebenden Osmanischen Reich scheinen direkt unter der Oberfläche zu liegen.

Aber diese verschiedenen Länder sind natürliche Verbündete. Sunniten dominieren in der Türkei, Libyen und im Sudan, während Schiiten den Iran kontrollieren. Libyen und der Sudan sind arabisch; der Iran und die Türkei nicht. Diese Nationen haben unterschiedliche Sprachen und Kulturen. Oberflächlich haben sie nicht viel gemeinsam.

Hesekiels Prophezeiung legt jedoch nahe, dass zwei Faktoren zur Überwindung dieser Differenzen beitragen werden – ein gemeinsamer Hass auf Israel und das überwältigende Verlangen nach materiellem Gewinn. Der Führer aus dem Norden wird dieses Verlangen nutzen, um eine Armee mit gemeinsamen Interessen und Zielen zusammenzustellen.

Möglicherweise gibt es noch ein drittes Element, das Gogs Verbündete motiviert. Wie wir bereits gesehen haben, glauben beide Richtungen des Islam an eine letzte Schlacht, in der die Juden vernichtet und der islamische Messias geoffenbart wird. Vielleicht werden sich einige dieser Invasion in dem Glauben anschliessen, dass der Angriff das Ende beschleunigt und somit den endgültigen Sieg der Anhänger Allahs und das Kommen ihres Messias herbeiführt.

Das dunklere Motiv

Hesekiel macht Gogs Hauptmotiv für die Invasion deutlich. Sein Angriff dient dazu, «Beute zu machen und Raub zu raffen» (Hes 38,12). Gogs Absicht ist in erster Linie wirtschaftlicher Natur.

Irgendetwas im Land Israel liefert diesem Führer einen zwingenden wirtschaftlichen Grund für seine Invasion. Hesekiel sagt nicht, was es ist, aber die Antwort könnte unter dem Mittelmeer liegen – enorme Öl- und Erdgasvorkommen.

Energie ist einer der Hauptgründe für die aktuelle Krise im Nahen Osten, oftmals auf eine Weise, die wir nicht verstehen. Russland beliefert Europa mit Erdgas und hat diese Energiequelle auch schon einmal als diplomatische Waffe eingesetzt. Russland hat viel dafür getan, andere Lieferanten daran zu hindern, sein Beinahe-Monopol aufzubrechen. Eine geplante Erdgas-Pipeline von Katar nach Europa durch Syrien und die Türkei wurde von Syrien abgelehnt – ein enger, aber schwieriger Verbündeter Russlands. «Diese Weigerung lieferte Katar und der Türkei fraglos einen zusätzlichen Anreiz, die syrischen Rebellen finanziell und militärisch zu unterstützen.»[8]

Alternative Öl- und Erdgasquellen – und die Möglichkeit, sie zu transportieren – sind zwei Variablen, die Russland Sorgen machen. Könnte Israels unabhängige Energieversorgung – die bereits durch den Vorschlag demonstriert wurde, überschüssige Erdgasvorräte auf den europäischen Kontinent zu transportieren[9] – als eine Bedrohung für den gegenwärtigen Status quo angesehen werden? Könnte ein Friedensvertrag zwischen Israel und den benachbarten Nationen Ländern wie Katar die Möglichkeit bieten, eine alternative Pipeline durch Israel zu betreiben, die Syrien, die Türkei und Russland umgeht? Das alles sind beträchtliche Möglichkeiten, die eine reale Bedrohung für die mächtigen und energiehungrigen Reiche im Norden darstellen.

Die Kontrolle über den Energiereichtum Israels – und alle Einrichtungen, diese Energie ins Ausland zu transportieren – könnte eine ausreichende Motivation für Gog und seine Verbündeten sein, in das Land einzufallen.

Hesekiel liefert einen weiteren Hinweis auf die Absicht, die die Invasion verfolgt. In Hesekiel 38,13 drücken zwei Gruppen ihre Besorgnis über die drohende Invasion aus. «Saba und Dedan und die Kaufleute von Tarsis werden» die Invasoren fragen, ob sie gekommen sind, um sie auszurauben. Wer sind diese Länder, und wie können sie uns helfen, die Absicht des Angriffs herauszufinden?

Saba und Dedan lagen auf der heutigen Arabischen Halbinsel. Saba befand sich am äussersten südlichen Ende der Halbinsel, in der Region des heutigen Jemen. Dedan lag weiter nördlich, in dem Gebiet des heutigen Saudi-Arabiens. Etwa ein Jahrhundert vor Hesekiels Prophezeiung äusserte sich auch Jesaja über Dedan (Jes 21,13) und Saba (60,6). Jesaja verband Dedan ausdrücklich mit «Arabien» und erwähnte die «Karawanen der Dedaniter», was deutlich macht, dass der Ort für seine nomadischen Händler mit ihren Kamelen bekannt war. Auch Saba beschrieb er als einen Ort, an dem es «eine Menge Kamele» gab.

Die Lage von Tarsis ist etwas schwieriger herauszufinden. Die meisten gehen davon aus, dass Tarsis ein Ort im weit entfernten westlichen Mittelmeerraum ist – so wie Spanien. Aber warum sollte eine Region, die so weit im Westen liegt, sich um einen Angriff im Osten sorgen? Hesekiel sagt nicht, Tarsis würde sich um den bevorstehenden Angriff Sorgen machen, sondern die «Kaufleute von Tarsis». Diese «Kaufleute» sind Händler aus dem Westen (Tarsis). Dedan und Saba stammen aus der Wüste im Osten und die «Kaufleute von Tarsis» kommen aus dem westlichen Mittelmeerraum. Beide sind reich und beide fürchten sich, sie könnten das Ziel des bevorstehenden Angriffs sein.

Gogs Armee und seine Verbündeten kommen, um Israel anzugreifen. Sein Ziel ist es, Israels Reichtum an sich zu reissen und zu rauben. Doch zumindest am Anfang ist das letztendliche Ziel des Angriffs nicht absolut eindeutig. Aus diesem Grund sind diese beiden Gruppen nervös. Im Grunde wollen sie wissen: «Du kommst doch nicht etwa, um uns anzugreifen, oder?»

Wie könnte ein derartiges Szenario heute aussehen? Stellen Sie sich vor, Russland versammelt eine Armee, die Elemente aus dem Iran, Sudan, Libyen und der Türkei enthält. Es wird deutlich, dass sie auf dem Weg in den Nahen Osten sind. Aber noch haben sie ihren Zielort nicht zu erkennen gegeben. Saudi-Arabien macht sich Sorgen, die Armee könnte seine Ölfelder unter ihre Kontrolle bringen. (Damit würde Russland zwei der grössten Rivalen Saudi-Arabiens helfen – Türkei und Iran.)

Unterdessen sind auch westliche Kaufleute nervös, dass die Armee es auf den Suez-Kanal abgesehen hat und die Handelsroute, von der sie abhängig sind, blockieren könnte – oder die Ölvorräte unter ihre Kontrolle bringen will, auf die ein Grossteil Westeuropas angewiesen ist. Die beiden Gruppen fragen sich, ob die Invasionstruppen *ihre* wirtschaftlichen Aktivposten angreifen wollen.

Doch schon bald kristallisiert sich das eigentliche Ziel heraus. Israel war die ganze Zeit das Ziel.

Das Handeln Gottes

Hesekiel sagt voraus, wie die Invasionstruppen besiegt werden. Gott selbst wird handeln, die Armee vernichten und Israel zeigen, dass er Gott ist.

«Es soll aber zu jener Zeit geschehen, zu der Zeit, wenn Gog gegen das Land Israel heranzieht, spricht GOTT, der Herr, dass mir das Zornesfeuer in mein Angesicht steigen wird. Und ich sage es in meinem Eifer, im Feuer meines Zornes; wahrlich, zu jener Zeit wird es ein grosses Erdbeben geben im Land Israel» (Hes 38,18–19).

Das «Handeln Gottes» – ein verheerendes Erdbeben genau zu dem Zeitpunkt, wenn die Invasoren Israel erreichen – lässt die Armeen erstarren.

Aber Gott ist noch nicht fertig.

Das Erdbeben wird ein grosses Durcheinander zur Folge haben, in welcher «das Schwert eines jeden sich gegen den anderen richten wird» (Hes 38,21). Die unterschiedlichen Parteien werden sich irrtümlicherweise gegenseitig beschiessen. Die Verwirrung wird durch das Sprachengewirr noch verstärkt.

Gott ist noch immer nicht fertig.

«Und ich will ihn richten mit Pest und Blut; einen überschwemmenden Regen und Hagelsteine, Feuer und Schwefel will ich regnen lassen auf ihn und auf seine Kriegsscharen, auf die vielen Völker, die bei ihm sind» (Hes 38,22).

Eine Art Plage dezimiert die Truppen, während Hagel und sintflutartiger Regen herabprasseln. Und durch das Erdbeben werden «alle Mauern zu Boden sinken» (V. 20). Die Invasoren werden keinen Schutz finden, wo sie sich verstecken können. «Feuer und Schwefel» könnten die Folgen eines Vulkanausbruchs beschreiben. Die Golanhöhen, die das natürliche Einfallstor für diese Armee aus dem Norden darstellen, sind übersät mit erloschenen Vulkanen, die auf den Befehl des Herrn jederzeit ausbrechen könnten.

Abschliessend sagt Gott: «So will ich mich gross und heilig erweisen und mich zu erkennen geben vor den Augen vieler Völker; und sie sollen erkennen, dass ich der HERR bin!» (V. 23).

Die Schlacht wird internationale Auswirkungen haben.

Die ultimative Glaubenskrise

Aufgrund der Vernichtung dieser multinationalen Armee wird die islamische Welt schliesslich vor einer echten Glaubenskrise stehen. Ihre Niederlage wird nicht durch eine überlegene Militärmacht hervorgerufen. Gott selbst wird die Invasoren zerschmettern. Und diese überwältigende Niederlage wird alles erschüttern, was sie glaubten. Danach werden sie für die Behauptungen eines falschen Messias, der sich als menschgewordener Gott ausgibt, umso empfänglicher sein.

Das jüdische Volk hingegen wird erkennen, dass ihre Nation durch Gottes Hand vor der Vernichtung verschont geblieben ist. Ein nationales religiöses Erwachen wird seinen Anfang nehmen, und das Volk wird zu seinem wahren Gott umkehren. Zu einem späteren Zeitpunkt kommt dann der europäische Führer nach Israel, der sich, laut dem Apostel Paulus, «in den Tempel Gottes setzt als ein Gott und sich selbst für Gott ausgibt» (2. Thes 2,4). Aber wenn er fordert: «Ich bin Gott, betet mich an», wird Israel sagen: «Nein, das bist du nicht.» Warum? Weil sie erst kurz zuvor die Macht des wahren Gottes erlebt haben.

Eine detaillierte Beschreibung

Hesekiel teilt uns nicht nur mit, *wer* in Israel einmarschiert und *was* passieren wird, er sagt uns auch, *wann* es geschieht. Zunächst beschreibt er den allgemeinen Zeitraum. «*Nach vielen Tagen* sollst du aufgeboten werden; *zur letzten Zeit* wirst du in das Land kommen, das dem Schwert entkommen und aus vielen Völkern wieder gesammelt worden ist, auf die Berge Israels, die die ganze Zeit verödet waren» (Hes 38,8; Hervorhebung durch den Autor). Diese Nationen werden irgendwann nach der Rückkehr und Wiederbesiedlung des Landes in Israel einmarschieren. Aus Hesekiels Sicht könnte diese Invasion zu jedem Zeitpunkt nach Israels Rückkehr aus der babylonischen Gefangenschaft im Jahr 539 v. Chr. stattfinden. Aber eine solche Invasion gab es nicht, bis das jüdische Volk von den Römern wieder vertrieben wurde. Ebenso wenig gab es sie seit der Wiedergeburt der Nation im Jahr 1948.

Die Prophezeiung ist noch immer nicht erfüllt.

Hesekiel zufolge muss Israel in sein Land zurückgekehrt sein und dort in relativer Sicherheit leben. Das Volk «ist aus vielen Völkern wieder gesammelt worden, auf die Berge Israels, ... und sie wohnen nun alle in Sicherheit» (V. 8). Später sagt Gott zu den Invasoren: «Wirst du es zu jener Zeit nicht erkennen, dass mein Volk Israel in Sicherheit wohnt?» (V. 14).

Aber Israel muss auch echten Frieden erleben. Während die Invasoren ihren Angriff planen, sagt sich der Führer: «Ich will hinaufziehen in das offene Land; ich will über die kommen, die ruhig und sicher wohnen; sie wohnen ja alle ohne Mauern; sie haben weder Riegel noch Tore!» (V. 11).

Solche Mauern, Tore und Riegel waren zu alttestamentlichen

Zeiten gängige Schutzmassnahmen, die vor potentiellen Feinden Sicherheit bieten sollten. Die prophezeite Invasion wird stattfinden, wenn sich Israel schliesslich wirklich sicher und nicht mehr bedroht fühlt. Damit ist sicherlich nicht das heutige Israel beschrieben. Seit 1948 hat sich Israel nie sicher genug gefühlt, um seine Verteidigungsmassnahmen zu verringern. Mehr als 65 Jahre hat Israel keinen Frieden gehabt. Es kannte nur Zeiten, in denen es keinen Krieg gab.

Wenn echter Frieden kommt

Wann wird Israel in Frieden leben? Die Bibel erwähnt zwei solche Zeiträume, die beide noch zukünftig sind. Der erste wird für eine kurze Zeit auftreten, wenn ein kommender Weltherrscher die Nahostkrise «beendet» durch einen scheinbaren Frieden zwischen Israel und den Palästinensern und anderen arabischen Nachbarn. Diese Zeit des relativen Friedens wird nur dreieinhalb Jahre dauern, aber in ihr wird sich Israel offensichtlich sicher fühlen.

Der zweite Zeitraum wird eingeleitet, wenn Jesus Christus auf die Erde zurückkehrt, um sein Friedensreich aufzurichten. Über seine herrliche Herrschaft auf Erden sagt die Bibel: «Und er wird Recht sprechen zwischen den Heiden und viele Völker zurechtweisen, sodass sie ihre Schwerter zu Pflugscharen schmieden werden und ihre Speere zu Rebmessern; kein Volk wird gegen das andere das Schwert erheben, und sie werden den Krieg nicht mehr erlernen» (Jes 2,4).

Welche Zeit des Friedens meint Hesekiel nun? Obschon beide Zeiträume mit einem Angriff auf Israel enden, weisen mehrere konkrete Aussagen in Hesekiel 38–39 auf den ersten Friedenszeitraum hin, in dem die Invasion stattfinden wird. Die Invasion dient Israel als Weckruf, reisst es aus seiner geistlichen Lethargie und lässt das Volk zu Gott umkehren. Da Israel während der tausendjährigen Friedensherrschaft des Messias geistlich lebendig ist (Jes 59,21; Jer

31,31–34), muss die von Hesekiel beschriebene Invasion im ersten Friedenszeitraum stattfinden, wenn Israel noch geistlich gleichgültig ist.

Hesekiel gibt einen zweiten Hinweis auf den Zeitpunkt der Invasion. Er sagt, die Invasion würde stattfinden, wenn das Volk Israel wieder in seinem Land ist, aber *bevor* alle Juden zurückgekehrt sind. Nach der Beschreibung der Schlacht und ihren Nachwirkungen verkündet Gott seinem Volk: «Jetzt will ich das Geschick Jakobs wenden und mich über das ganze Haus Israel erbarmen und für meinen heiligen Namen eifern» (Hes 39,25).

Ein Resultat der Invasion ist also die *endgültige* Wiederherstellung der Juden im Land Israel. Da das ganze jüdische Volk zur Zeit des zweiten Kommens Jesu in sein Land zurückkehren wird (Mt 24,31), muss diese Schlacht vor der endgültigen Sammlung bei der Rückkehr Christi stattfinden.

Ist dieser Tag nahe? Das wissen wir nicht. Das nächste Ereignis auf Gottes prophetischem Zeitplan ist die Wegnahme seiner Gemeinde von der Erde. Die prophetische Uhr beginnt erst zu ticken, wenn das passiert und der kommende Weltherrscher ein Abkommen mit Israel unterzeichnet. Irgendwann in den ersten dreieinhalb Jahren nach der Unterzeichnung dieses Abkommens wird die von Hesekiel beschriebene Schlacht stattfinden. Aber das Weltgeschehen deutet darauf hin, dass die Zeit schon sehr weit vorgerückt ist.

Russland verstärkt seine wirtschaftlichen Beziehungen zum Iran, und die Türkei bewegt sich weg vom Westen und hin zu ihren islamischen Wurzeln. Sudan und Libyen stecken im Chaos. Die Welt strebt nach einem umfassenden Nahostfriedensplan, um die israelisch-palästinensische Krise zu beenden. Und Kämpfe um die Kontrolle der Öl- und Erdgasressourcen stecken noch immer hinter vielen Konflikten im Nahen Osten. Wenn das Weltgeschehen die in der Bibel beschriebenen Ereignisse widerspiegelt, könnte der Anfang des Endes nahe sein.

Derweilen setzt der Islamische Staat seinen gewaltsamen Vormarsch fort und nimmt die Aufmerksamkeit einer entsetzt zusehenden Welt in Anspruch.

Es muss eine Reaktion geben, die Gottes Absichten und seinem Plan entspricht.

KAPITEL 10:
Gottes Schlachtplan für den Sieg

Dies habe ich zu euch geredet, damit ihr in mir Frieden habt.
In der Welt habt ihr Bedrängnis; aber seid getrost,
ich habe die Welt überwunden!

— Jesus —
Johannes 16,33

«Das Einzige, was wir zu fürchten haben, ist die Furcht selbst – namenlose, unbegründete und ungerechtfertigte Angst, die benötigte Anstrengungen lähmt, um Rückschritte in Fortschritte zu verwandeln.»[1] Das sind die zeitlosen Worte von Präsident Franklin D. Roosevelt, die er in seiner ersten Antrittsrede sprach, um eine von Furcht gelähmte Nation zu beruhigen und ihr Mut zu machen. Die grosse Weltwirtschaftskrise von 1929 bis 1933 hatte Geschäfte zerstört, Arbeitsplätze vernichtet und Familien aus ihren Häusern und von ihren Farmen vertrieben. Menschen, die ihr ganzes Leben gearbeitet hatten, standen nun in langen Schlangen in Suppenküchen an und warteten auf eine warme Mahlzeit. Es war einer der wenigen Situationen in der Geschichte unserer Nation, dass Amerika Angst vor der Zukunft hatte.

Seit dem 11. September 2001 kämpft die Welt gegen einen anderen Feind – islamische Dschihadisten verbreiten auf der ganzen Welt ein loderndes Feuer der Gewalt. Der Krieg gegen radikale islamische Terroristen ist nun in seinem zweiten Jahrzehnt, und die Bedrohung ist heute ebenso real wie zu der Zeit, als der Konflikt begann. Die Koalition gegen den Islamischen Staat ist nur der neuste Kampf in einem scheinbar endlosen Krieg. Gibt es eine Möglichkeit, diese Bedrohung aufzuhalten?

Letzten Endes wird es auf der ganzen Welt erst Frieden geben, wenn der Friedefürst auf die Erde zurückkehrt, so sagt es die Bibel. Die beiden alttestamentlichen Propheten Jesaja und Micha, deren Worte uns heute grosse Hoffnung geben können, weisen auf eine Zeit hin, in der die Menschen schliesslich «ihre Schwerter zu Pflugscharen schmieden werden und ihre Speere zu Rebmessern» (Jes 2,4; Mi 4,3). Doch bis es so weit ist, bleibt Frieden wenig mehr als ein schöner Traum. Bedeutet das, dass wir zu einem Leben in Angst verurteilt sind?

Zum Glück nicht. Gott hat seinen Nachfolgern einen Schlachtplan gegeben, der die Mächte der Finsternis und des Bösen besiegt.

Erstens müssen wir klar zwischen dem unterscheiden, was Gott von unserer Regierung und dem, was er von Christen erwartet. Der Apostel Paulus erinnerte die Gemeinde in Rom: «Jedermann ordne sich den Obrigkeiten unter, die über ihn gesetzt sind; denn es gibt keine Obrigkeit, die nicht von Gott wäre; die bestehenden Obrigkeiten aber sind von Gott eingesetzt» (Röm 13,1). Es gibt Zeiten, in denen Regierungen die von Gott gesetzten Grenzen überschreiten. Und in diesen Fällen müssen wir uns entscheiden, ob wir Gott oder der Regierung gehorsam sind. Dass Daniel das Beten (Dan 6) oder Petrus das Predigen (Apg 5) verboten wurde, sind Beispiele, die uns daran erinnern, dass «man Gott mehr gehorchen muss als den Menschen»! (Apg 5,29). Natürlich müssen Gläubige, die in den vom Islamischen Staat kontrollierten Gebieten leben, ungehorsam sein, wenn ihnen befohlen wird, ihren Glauben zu verleugnen.

Gott hat die menschliche Regierung eingesetzt, und ihre Hauptfunktion besteht darin, ihre Bürger zu schützen und den Frieden zu fördern. Die amerikanische Regierung tut dies, indem sie Al-Qaida und den IS bekämpft, und wir müssen die Bemühungen unserer Führer unterstützen. Aber wir sollten auch erkennen, dass es Grenzen für physische Gewalt gibt. Amerika hat Billionen von Dollar ausgegeben und Tausende von Menschen verloren in seinem Kampf gegen Al-Qaida und den IS. Und dennoch ist die Bedrohung geblieben und sogar noch stärker geworden.

Gibt es einen effektiveren Schlachtplan?

Den gibt es; es ist Gottes Schlachtplan für seine Nachfolger. Hier ist sein Plan für den Sieg über den Islamischen Staat und jede andere Kraft des Bösen.

Erkennen Sie den wahren Feind

Wir geben unseren Ängsten gerne ein Gesicht. Wir wollen wissen, wie unsere Feinde aussehen, um sie zu entmystifizieren und greifbar zu machen. So können wir ihnen ins Gesicht schauen und sie bezwingen. Aber manchmal arbeitet das gegen uns.

Als Amerika Saddam Hussein zu seinem grössten Feind erklärte, riefen wir bei seiner Ergreifung aus: «Mission vollendet.» Doch der Kampf ging weiter.

Als wir «Osama bin Laden» zum grössten Feind der Welt erklärten, verkündeten wir nach seinem Tod, dass Al-Qaida nun «auf der Flucht» sei. Aber die Bedrohung blieb bestehen.

Könnte es sein, dass wir die ganze Zeit dem falschen Feind hinterherjagten?

Noch immer unser alter Feind

Der protestantische Reformator Martin Luther schrieb das wunderschöne Loblied «Ein feste Burg ist unser Gott». In diesem Lied gab er einen klaren Einblick in das Wesen unseres wahren Feindes, des Teufels.

> Der alt böse Feind
> mit Ernst er's jetzt meint;
> gross Macht und viel List
> sein grausam Rüstung ist,
> auf Erd ist nicht seinsgleichen.[2]

Paulus schrieb seinen Brief an die Gemeinde in Ephesus, während er in Rom unter Hausarrest stand und wegen eines Verbrechens angeklagt war, auf das die Todesstrafe stand. Seine Freunde machten sich Sorgen, während sie über die verschiedenen Kräfte, die gegen diesen entschiedenen Apostel waren, Vermutungen anstellten. Ihre Liste der möglichen Verdächtigen war lang ... und komplex. Der Kaiser, andere römische Autoritäten, die religiösen jüdischen Führer und sogar neidische Christen, die Paulus seine Beliebtheit nicht gönnten. Aber Paulus wies seine Leser in eine andere Richtung.

> «Denn unser Kampf richtet sich nicht gegen Fleisch und Blut, sondern gegen die Herrschaften, gegen die Gewalten, gegen die Weltbeherrscher der Finsternis dieser Weltzeit, gegen die geistlichen Mächte der Bosheit in den himmlischen Regionen.»
>
> **Der Apostel Paulus**
> *Epheser 6,12*

Der wahre Feind von Paulus und allen anderen Gläubigen befand sich nicht in Rom oder Jerusalem. Dieser Feind und sein Kampf reichen bis in den Himmel selbst. Paulus erklärte: «Unser Kampf richtet sich nicht gegen Fleisch und Blut, sondern gegen ... die geistlichen Mächte der Bosheit in den himmlischen Regionen» (Eph 6,12).

Der höchste Befehlshaber des Islamischen Staates bleibt für die meisten seiner Anhänger unsichtbar, obwohl er nicht unbekannt ist. Es ist der Teufel selbst.

Von Anfang an hat sich der Teufel gegen Gott und seine gerechten Absichten gestellt. Er verführte Adam und Eva zum Ungehorsam gegenüber Gott. Er trat in die Gegenwart Gottes, um Hiob zu verklagen. Der Teufel geht über die Erde «wie ein brüllender Löwe und sucht, wen er verschlingen kann» (1. Petr 5,8). Er verkleidet sich als ein Engel des Lichts, um nicht erkannt zu werden (2. Kor 11,14).

Er ist der ultimative Verführer der Welt (Offb 12,9).

Viele, die von der Verführung des Teufels angezogen werden, glauben, sie würden eigentlich Gott dienen. Andere hören auf seine Lügen und verwechseln Rebellion mit Erleuchtung.

Der Islamische Staat ist nicht der wahre Feind. Aber angetrieben von der Kraft des wahren Feindes, verfolgt diese Gruppe die finstersten und bösesten Absichten. Ausserdem repräsentiert der IS eine Ansammlung von verlorenen Menschen, die sich haben verführen lassen, einer Lüge zu glauben. Satans Macht zur Verführung, zusammen mit der verdorbenen Natur des Menschen, macht jeden zu den schlimmsten vorstellbaren Gräueltaten fähig.

Die Bibel lehrt, dass alle Kräfte des Bösen unter dem Kommando des Teufels stehen. Aber «der, welcher in euch ist, ist grösser als der, welcher in der Welt ist» (1. Jo 4,4).

Die Hoffnung gegen diesen grossen Feind besteht nicht in militärischer Macht oder in hoch entwickelter Spionageabwehr. Die Hoffnung ist das ewige Wort Gottes. Und in seinem Wort stellt Gott uns eine Drei-Punkte-Strategie vor, wie Christen dem wahren Feind in dieser Welt gegenübertreten können.

Legen Sie Ihre Waffenrüstung an

In Epheser 6 beschreibt Paulus den geistlichen Kampf der Gemeinde und weist seine Leser an, sich auf den Konflikt vorzubereiten und die geistliche Waffenrüstung anzuziehen.

Er schreibt: «Deshalb ergreift die ganze Waffenrüstung Gottes, damit ihr am bösen Tag widerstehen und, nachdem ihr alles wohl ausgerichtet habt, euch behaupten könnt» (Eph 6,13).

Welche Art von Rüstung ist für einen geistlichen Kampf angebracht? Das Erste, was wir brauchen, ist *Wahrheit*. Das kann sich auf die Wahrheit des Wortes Gottes beziehen, aber in dieser Stelle ist es wahrscheinlicher, dass unsere eigene Ehrlichkeit gemeint ist. Der Teufel ist ein hinterhältiger Lügner, und am besten widerstehen wir ihm, wenn wir die Wahrheit sagen. «Die Wahrheit, die ganze Wahrheit und nichts als die Wahrheit» ist eine gute Verteidigungsstrategie gegen den Teufel und alle seine Methoden.

Das zweite Teil der Rüstung ist der *Brustpanzer der Gerechtigkeit*. Da Paulus an Menschen schrieb, die ihr Vertrauen bereits auf Gott gesetzt hatten, ist die von ihm erwähnte Gerechtigkeit wahrscheinlich nicht die, die wir bei der Errettung empfangen. Vielmehr spricht er von einer heiligen Lebensführung. Es bedeutet, die Gerechtigkeit Gottes in unserem täglichen Leben zu zeigen – das zu leben, von dem wir sagen, dass wir es glauben. Während sich Wahrheit auf unsere *Worte* bezieht, meint Gerechtigkeit unser *Handeln*. Der Teufel ist ein Meister der Täuschung und des doppelten Spiels, daher besteht unsere beste Verteidigung darin, ein integeres und heiliges Leben zu führen.

Das dritte Teil der Rüstung ist, mit der *Bereitschaft zum Zeugnis für das Evangelium des Friedens* beschuht zu sein. Das klingt zunächst etwas verwirrend. Die gute Nachricht über Jesus zu verbreiten, ist eine Möglichkeit, um zu verstehen, was Paulus sagte. Allerdings scheint es nicht zu dem Gedanken zu passen, dass uns die ersten Teile der Rüstung vor den Angriffen des Teufels schützen sollen. Vielleicht dachte Paulus, wir müssten sichergehen, fest in der Tatsache verwurzelt zu sein, dass uns die gute Nachricht über Jesus letzten Endes Frieden bringt. Das Wissen, dass Gottes Botschaft von der Vergebung in Jesus Christus selbst das härteste Herz erreichen kann, ermöglicht es uns, im Glauben festzustehen und nicht in die destruktiven Taktiken des Teufels hineingezogen zu werden.

Der *Schild des Glaubens* ist das nächste defensive Teil der Rüstung, und es ist speziell dazu entworfen, «alle feurigen Pfeile des Bösen» auszulöschen. Eine der beliebtesten Taktiken des Teufels ist es, Zweifel an Gottes Grösse und Liebe zu streuen, indem er uns negative Gedanken in den Sinn gibt. Seit seiner ersten Begegnung mit Eva in 1. Mose 3,1 («Sollte Gott wirklich gesagt haben ...?») hat Satan versucht, uns das Vertrauen in Gott zu rauben, indem er Zweifel sät. Mit «Glauben» ist hier nicht Gottes Glaube an uns gemeint, sondern unser Glauben an ihn. Er kann protestieren, wenn wir Gottes Handeln nicht verstehen. «Er soll mich töten – ich will auf ihn warten» (Hi 13,15). Er erinnert uns ständig daran, dass «das Leben hart, Gott aber gut ist ... immer»!

Die letzten Rüstungsteile, zu denen ein Soldat vor dem Kampf greifen würde, sind sein Helm und sein Schwert (Eph 6,17). Und beide sind auch für den geistlichen Kampf unverzichtbar.

Der *Helm des Heils* ist unsere Gewissheit, dass Gott uns von der Sünde errettet hat und uns vor den Angriffen des Teufels retten wird. Er erinnert uns daran, dass Jesus für uns das tun wird, was er für Simon Petrus in der Nacht seines Verrats getan hat. «Simon, Simon, siehe, der Satan hat euch begehrt, um euch zu sichten wie den Weizen; ich aber habe für dich gebetet, dass dein Glaube nicht aufhöre» (Lk 22,31–32).

Das Schwert ist die einzige offensive Waffe, die uns im Kampf gegen den Teufel gegeben ist. Und Paulus bezeichnet es als «das Schwert des Geistes, welches das Wort Gottes ist». Diese Waffe, die Jesus gegen die Versuchung des Teufels in der Wüste gebrauchte, ist dieselbe, die wir nach dem Willen Gottes an unserer Seite tragen sollen. Unterschätzen Sie nie die Macht des Wortes Gottes!

Paulus beendet seine Waffenkunde mit der Beschreibung, wie ein Soldat diese Waffen im Kampf gebrauchen soll. Selbst der am besten ausgestattete Soldat muss im ständigen Kontakt mit seinem befehlshabenden Offizier stehen und immer wachsam bleiben. Paulus sagt seinen Lesern: «Betet zu jeder Zeit ... und wacht zu diesem Zweck in aller Ausdauer» (Eph 3,18). Der Feind wird auf ungewöhnliche Weise und zu einem unerwarteten Zeitpunkt angreifen. Am besten bereiten wir uns darauf vor, indem wir nicht eigene Verteidigungsmassnahmen ergreifen, sondern uns zum Gebet hinknien und Weisheit, Kraft und Stärke von Gott erbitten, der für uns kämpft.

Zeigen Sie die richtige Einstellung

Die richtige Rüstung ist wichtig, aber ebenso wichtig ist es, mit der richtigen Einstellung in den Kampf zu gehen. Diesen Teil des strategischen Plans Gottes zeigt uns Jesus in Lukas 6,27–28: «Euch aber, die ihr hört, sage ich: Liebt eure Feinde, tut Gutes denen, die euch hassen; segnet, die euch fluchen, und betet für die, welche euch beleidigen!»

Diese strategische Haltung steht der eigenen Intuition entgegen und ist daher so effektiv.

Die biblische Wahrheit von der bedingungslosen Liebe Gottes zu den Menschen ist eine Wahrheit, die im Koran nicht zu finden ist. Liebe gehört nicht zu den 99 Namen für Gott im Koran. Der Gott des Islam kann Menschen dafür lieben, was sie tun, das aber ist nur eine leistungsabhängige Liebe. Die Vorstellung, dass Liebe ein Teil des Wesens Gottes ist, existiert im Islam nicht. Und das macht die Worte Jesu so revolutionär.

Daniel Miller, der die Ausbildung von arabischen Führungskräften zum Dienst bei der Missionsorganisation Pioneers beaufsichtigt, führte eine Umfrage unter mehreren hundert saudi-arabischen Studenten in den Vereinigten Staaten durch.[3] Eine der Fragen, die er stellte, war: «Wie sehen Sie Amerikaner im Allgemeinen?» Die Antwort war eindeutig. Die überwältigende Mehrheit der Befragten meinte, Amerikaner wären äusserst freundlich, aber *schlechte Freunde*. Mit anderen Worten, Amerikaner sind nett, aber zu sehr damit beschäftigt, sich selbst zu dienen, um noch Zeit für den Aufbau von authentischen und liebevollen Beziehungen zu Personen zu haben, die anders sind als sie selbst.

> «Der Allah des Koran ist kein Gott der Liebe. Er ist so transzendent, dass er Menschen gar nicht lieben kann.»
>
> **Wade Akins**
> *Sharing Your Faith with Muslims*[4]

Eine der einflussreichsten Möglichkeiten, die Christen besitzen, um Gruppen wie den Islamischen Staat am Vorwärtskommen zu hindern, ist, jedem Muslim, dem sie begegnen, die Liebe Jesu zu zeigen. Sie können anhalten und ihren muslimischen Nachbarn und Kollegen ein freundliches Wort sagen. Sich mit einem Muslim anzufreunden, könnte beispielsweise bedeuten, ihn zu einem Kaffee einzuladen. Beten Sie für ihn, bevor Sie sich mit ihm treffen. Bitten Sie Gott, Ihnen eine Tür zu öffnen, sodass Sie ihm den Grund – die Liebe Christi – für Ihre Liebe nennen können.

Der Teufel verfügt über keine wirksamen Gegenmassnahmen bei jemandem, der die Liebe und Güte Christi zeigt.

Bleiben Sie fest in Ihrem Glauben

In Offenbarung 12 beschreibt der Apostel Johannes einen noch zukünftigen Kampf im Himmel. Obwohl dieser Kampf von der Erde aus nicht gesehen werden kann, wird er doch den Lauf der Menschheitsgeschichte beeinflussen. In diesem kosmischen Konflikt werden der Teufel und seine Gefolgschaft ein für allemal aus dem Himmel verbannt und auf die Erde beschränkt. Der Teufel wird nach seiner Verbannung alles Mögliche tun, um diesen Planeten, den wir unser Zuhause nennen, zu zerstören. «Wehe denen, die auf der Erde wohnen und auf dem Meer! Denn der Teufel ist zu euch herabgekommen und hat einen grossen Zorn, da er weiss, dass er nur wenig Zeit hat» (Offb 12,12).

> «Wir meinen, wir leben im Land der Lebenden und sind auf dem Weg ins Land der Toten. Nichts könnte weiter von der biblischen Wahrheit entfernt sein. Sie und ich leben im Land der Toten und sind auf dem Weg ins Land der Lebenden.»
>
> **Professor Howard G. Hendricks**[5]

Während dieses zukünftigen chaotischen Szenarios hält Johannes inne und beschreibt, wie die Menschen auf der Erde den Teufel selbst in der furchtbarsten Zeit, die die Welt je durchzustehen hat, überwinden werden. Und ihr Geheimnis können auch wir uns heute zunutze machen, um den Teufel und alle Mächte unter seinem Kommando zu besiegen. Johannes teilt uns ihr Geheimnis in drei kurzen Aussagen in Vers 11 mit: «Und sie haben ihn überwunden um des Blutes des Lammes und um des Wortes ihres Zeugnisses willen und haben ihr Leben nicht geliebt bis in den Tod!» Jede dieser Aussagen ist von Bedeutung. Diese Gläubigen überwanden ...

- *Durch das Blut des Lammes.* Der entscheidende Schritt zum Sieg über den Teufel fand vor 2000 Jahren in Jerusalem statt. Als Jesus am Kreuz starb, bezahlte er die Strafe für die Sünde der Menschheit, indem er sein eigenes Blut vergoss. Drei Tage später demonstrierte er seine Macht über den Tod. Der Kampf gegen den Teufel und seine Mächte geht weiter, aber der endgültige Sieg ist schon sichergestellt. Das Resultat steht ausser Frage.

- *Durch das Wort ihres Zeugnisses.* Der Teufel ist der grösste Verführer, aber Gottes treue Nachfolger können seinem Einfluss entgegenwirken, indem sie Gottes Wahrheit verbreiten. Wie John Walvoord einmal bemerkte: «Das Wort des Zeugnisses der Gläubigen widersetzt sich dem betrügerischen Wirken des Teufels, da die Predigt des Evangeliums Gottes Kraft zur Errettung ist.»[6]
- *Weil sie ihr Leben nicht geliebt haben, selbst als sie mit dem Tod konfrontiert wurden.* Die grösste Waffe, die der Teufel zur Einschüchterung der Menschen einsetzt, ist Angst – vor allem die Angst vor dem Tod. Aber diese Waffe ist bei Nachfolgern Jesu nur wirksam, wenn wir es ihr gestatten, denn Jesus hat den Tod bereits besiegt. Wenn wir erst einmal erkennen, dass der physische Tod nicht das Ende unserer Existenz ist, sind wir von dieser lähmenden Angst befreit.

Gott hat einen Plan, um die Mächte der geistlichen Finsternis zu besiegen. Dieser Plan ist auch gegen den Islamischen Staat und alle anderen Bündnisse wirksam, die der Teufel einzusetzen versucht, um die Welt in Finsternis und Chaos versinken zu lassen. Aber was bedeutet das für Ihr Leben heute? Das ist möglicherweise die wichtigste Frage, die wir noch beantworten müssen.

KAPITEL 11:
Im Chaos Ruhe bewahren

Sei vorsichtig, wen du hasst. Die Kleinen und Schwachen besitzen einen Schutz, der stark genug ist, erkenne es, wenn du kannst, um dir weiche Knie zu verschaffen. Nimm dich vor denen in Acht, die im Schatten der Flügel wohnen.

Leif Enger
Peace Like a River[1]

Vor nicht allzu langer Zeit war ich (Mark) mit meiner Familie zum Abendessen in einem Restaurant. Das Restaurant liegt eingebettet in einer kleinen Collegestadt, in der wir leben – eine Gemeinde, in die Studenten aus aller Welt kommen, um ihrer amerikanischen Ausbildung nachzugehen. An diesem speziellen Abend sassen zwei arabische Studenten an einem Nachbartisch und waren in eine angeregte Unterhaltung auf Arabisch vertieft. Über unseren Köpfen lief im Fernsehen die neuste CNN-Berichterstattung über die stärker werdenden IS-Gewalttaten in Syrien.

Ich spürte, wie ich mich zunehmend unwohl fühlte, als das Gespräch der beiden Studenten lebhafter wurde. Auch andere im Restaurant schauten sichtbar irritiert. Die Gäste wurden nervös. Eine Familie, die offensichtlich Angst hatte, zahlte ihre Rechnung und verliess umgehend das Restaurant.

Irgendwie repräsentierten die beiden Studenten die ganze Angst und das Unbehagen. Eigentlich hatte ich den Eindruck gehabt, dass der Islamische Staat auf der anderen Seite der Welt liegt. Obwohl sie ansonsten als Teil der multikulturellen Struktur einer typischen Universitätsstadt anzusehen gewesen wären, waren diese beiden jungen saudischen Studenten unwissentlich zu verdächtigen Objekten und Opfern meiner eigenen Voreingenommenheit und Angst geworden.

Der Zusammenhang war leider offensichtlich.

Ich stellte mir das Schlimmste vor. Diese arabischen Studenten, die sich scheinbar um ihre eigenen Angelegenheiten kümmerten und ihr Abendessen genossen, hätten auch Mitglieder einer IS-Schläferzelle sein können, die hier in unserer ruhigen Stadt im Mittleren Westen einen Terroranschlag plante! Und in diesem Augenblick erkannte ich, dass Angst meine Sinne benebelt hatte, und ich schämte mich und bedauerte es.

Um ehrlich zu sein, diese Situation brachte mich dazu, mit Charles Dyer – meinem guten Freund und Kollegen «Charlie» – über eine Zusammenarbeit an diesem Buch zu reden. Auch wenn meine Gefühle allzu verständlich waren, schienen sie nicht zu dem zu passen, was Christen wirklich glauben. Und ich bin Pastor!

Es ist so einfach, mit Furcht zu reagieren und eine reaktionäre Mentalität an den Tag zu legen. Aber wir wissen, dass es einen besseren Weg gibt. Was ich an diesem Abend im Restaurant nötig gehabt hätte, waren Verständnis und eine klare Perspektive. Meine Reaktion offenbarte Defizite in beiden Bereichen.

Eine Frage von Gerechtigkeit ... und Rache

Aber irgendwie rechtfertigen wir unsere Vorurteile, indem wir auf die entsetzlichen Methoden des IS verweisen. *Wie viele schreckliche Morde und Folterungen werden diesen Monstern noch gestattet, bevor wir endlich ernst machen und sie von der Erdoberfläche beseitigen? Warum sitzen wir hier scheinbar nur herum und entfesseln nicht die maximale Kraft der amerikanischen Technologie und Militärmacht, um diese wachsende Bedrohung auszuradieren? Warum wollen sie überhaupt hier leben, direkt neben uns? Wissen sie nicht, dass sie hier nicht hingehören?*

Ich weiss, wir alle haben solche Gefühle schon einmal gehabt, und irgendwie scheinen sie gerechtfertigt. Aber möchte Gott ein solches Herz in uns sehen? Möchte er, dass wir uns in Furcht und Wut hinhocken und auf Rache gegen den IS und alle anderen sinnen, die mit ihm verbunden sind? Oder hat er uns zu einer mitfühlenderen und selbstloseren Reaktion aufgerufen? Und wenn das so ist, wie ist eine derartige Reaktion überhaupt möglich?

Eine übernatürliche Perspektive

Vor zwei Generationen liessen fünf junge Männer die Annehmlichkeiten und Verheissungen Amerikas hinter sich und reisten in den Dschungel Ecuadors. Ihr Ziel war es, das Evangelium Christi zu den Aucas zu bringen, einem primitiven, unerreichten Stamm, der für seine gewaltsamen und blutrünstigen Methoden bekannt war. Die Aucas (heute werden sie Huaorani oder auch Waorani genannt) waren verantwortlich für die skrupellose Ermordung mehrerer Mitarbeiter des Shell-Erdölunternehmens, die sich in der Hoffnung auf ihr Gebiet vorgewagt hatten, dort Öl zu finden.

Doch Jim Elliot, Missionspilot Nate Saint und die anderen drei Männer waren überzeugt, dieses Volk mit der Liebe und Barmherzigkeit Christi erreichen zu müssen. Entgegen der herkömmlichen Ratschläge jener Zeit machten sich sie auf den Weg, fest entschlossen, den Aucas das Evangelium zu bringen. Nach einer langen Vorbereitungszeit, inklusive dem Abwurf von Geschenken aus der Luft, um ihre guten Absichten zu bekunden, wurde schliesslich Kontakt hergestellt und sie trafen sich am Boden mit einem Paar der Eingeborenen. Mehrere Tage später entdeckten die fünf Missionare zehn Aucas aus der Luft und teilten dem Basislager über Funk mit, dass sie auf einer Sandbank im Dschungel landen würden. Im Lager warteten Missionarshelfer auf eine Nachricht von ihrer Begegnung.

Aber es kam kein Bericht. Nur Rauschen und Schweigen. Tage vergingen, und weiterhin kein Wort.

Schliesslich wurde eine Suchmannschaft losgeschickt, die den Aufenthaltsort der fünf Männer herausfinden sollte. Es dauerte nicht lange, bis klar war, dass die schlimmsten Befürchtungen eingetroffen waren. Alle fünf waren tot. Ihre Körper lagen verstreut im Sand, verunstaltet und zerschmettert von tödlichen Speeren und Machetenhieben. Die Nachricht von ihrem gewaltsamen Tod erfasste die Welt in einer Welle der Erschütterung. Christen waren entsetzt und konnten es kaum glauben. Viele riefen nach Rache als Antwort auf diese sinnlose Tat.

Kurz bevor die jungen Männer nach Ecuador aufbrachen, fragte Jim Elliots Frau, Elisabeth, ihren Mann, ob er und die vier anderen Missionare sich mit Waffen verteidigen würden, sollten sie von den Aucas angegriffen werden. Jim sagte zu ihr: «Wir werden unsere Waffen nicht gebrauchen. Wir sind bereit für den Himmel, sie nicht.»[2]

Eine solche Reaktion kann nur auf eine Weise erklärt werden. Jim Elliot war bereit, der Gefahr ins Auge zu sehen – und für das Evangelium sogar sein Leben zu geben –, weil er sich entschieden hatte, jeden Tag im Glauben zu leben, nicht in Angst. Er wusste, seine Frau war sicher «unter dem Schatten des Allmächtigen» (Ps 91,1). Er wusste, sein ewiges Schicksal war geklärt. Und ihm war klar, dass Gott alles unter Kontrolle hatte.

Angesichts der steigenden Unsicherheit im Nahen Osten und in unseren eigenen gebrochenen Welten können wir Christen über der Auseinandersetzung stehen und als helle Lichter vor dem finsteren Hintergrund des Islamischen Staates leuchten. Wie Jim Elliot und seine Missionarsfreunde können wir inmitten von Chaos Ruhe ausstrahlen, wenn Christus in unserem Leben gegenwärtig ist.

Glaube nicht Angst: Es gibt einen besseren Weg

Uns ist klar, was für ein ungutes Gefühl uns die IS-Krise gibt. Und in vielerlei Hinsicht mögen unsere Ängste auch berechtigt erscheinen. Aber die Bibel macht deutlich, dass Gott denen, die ihm vertrauen, «nicht einen Geist der Furchtsamkeit gegeben hat, sondern der Kraft und der Liebe und der Zucht» (2. Tim 1,7). Unsere Reaktion auf den Islamischen Staat und jede andere äussere Bedrohung muss von Gott kommen, nicht von uns selbst.

Wir müssen so reagieren, wie Jesus reagieren würde, ganz gleich, was auf dem Spiel steht …

Manchmal kann das Leben extrem schwierig sein. Nur wenige von uns können sich die entsetzliche Not der Männer, Frauen und Kinder vorstellen, die unter den Extremisten des IS leiden. Die Schrecken übersteigen unsere Vorstellungskraft. Und doch kommt keiner von uns um schwere Kämpfe im Leben herum. Krebs, Scheidung, finanzielle Nöte, tragische Unfälle und unerwartete Todesfälle von Familienangehörigen und Freunden sind nur ein paar der vielen bekannten Erfahrungen, die unser Leben aufwühlen.

Auch Christen – Männer und Frauen, die aufrichtig versuchen, das Richtige zu tun – haben Zeiten, in denen das Leben völlig falsch zu laufen scheint. Und in solchen Augenblicken stellen wir uns oft die Frage: *Wo ist Gott?* Wo ist seine grosse Macht, wenn die Nadel Richtung null sinkt? Was beabsichtigt er damit, wenn er seine treusten Nachfolger solchen Drucksituationen aussetzt? Das Wort Gottes gibt uns sowohl Trost als auch Perspektive.

Ein altes Loblied aus dem Herzen Davids weist uns den Weg nach vorne. Denken Sie über die Worte aus Psalm 11 nach:

> Bei dem HERRN habe ich Zuflucht gefunden!
> Wie sagt ihr denn zu meiner Seele:
> «Flieh wie ein Vogel auf eure Berge»?
> Denn siehe, die Gottlosen spannen ihren Bogen;
> sie haben ihre Pfeile auf die Sehne gelegt, um im Verborgenen auf die zu schiessen, welche aufrichtigen Herzens sind.
> Wenn die Grundfesten eingerissen werden,
> was soll der Gerechte tun?
> Der HERR ist in seinem heiligen Tempel.
> Der Thron des Herrn ist im Himmel;
> seine Augen spähen, seine Blicke prüfen die Menschenkinder.
> Der HERR prüft den Gerechten; aber den Gottlosen
> und den, der Frevel liebt, hasst seine Seele.
> Er lässt Schlingen regnen über die Gottlosen;
> Feuer, Schwefel und Glutwind ist das Teil ihres Bechers.
> Denn der HERR ist gerecht, er liebt Gerechtigkeit;
> die Aufrichtigen werden sein Angesicht schauen.

In Psalm 11 steht David, der Hirte und König Israels und ein Mann nach Gottes Herzen (Apg 13,22), vor dem Kampf seines Lebens. David muss es vorgekommen sein, als wäre die Welt aus den Angeln gehoben worden. Als er sah, wie die Gottlosen die Gerechten unterdrückten, dürfte er die gleichen Gefühle gehabt haben wie wir, wenn wir ein Bild nach dem anderen sehen von den barbarischen IS-Angriffen auf unschuldige Menschen.

Was sollen wir also tun, wenn wir den Eindruck haben, dass das Fundament bröckelt? Was sollte unsere Perspektive sein? Was können wir über Gott wissen und erfahren, ungeachtet des Resultats? Es gibt nur zwei mögliche Reaktionen – Angst oder Glauben.

Mit Angst reagieren – Flucht und Sorge

Die Krise, vor der David stand, war kein geringfügiges Problem. David hatte keine Erkältung oder einen Bänderriss oder musste seine Soldaten trotz schwindender Vorräte versorgen. Er stand am Abgrund – vor dem Kampf seines Lebens, als seine Feinde näher kamen. Und in diesem sorgenvollen Gebet erkennen wir die verzweifelte Unzulänglichkeit der menschlichen Erfahrung, die den wunderbaren und mächtigen Absichten eines souveränen und alles sehenden Gottes gegenübersteht.

Wenn Sie auf den Islamischen Staat oder andere beunruhigende Umstände mit Angst reagieren, kann Sie das zu zwei sehr ungesunden Reaktionen verleiten.

1. Sie sind versucht, die Sache selbst in die Hand zu nehmen.

Inmitten seiner Prüfung hatte David zahlreiche Ratgeber, die ihm sagten, was er tun sollte. «Wie sagt ihr denn zu meiner Seele: ‹Flieh wie ein Vogel auf eure Berge›?» Das klingt wie eine sehr menschliche Reaktion, oder? Das erinnert an den leeren, ungelegenen Rat der Freunde Hiobs, nachdem ihr Freund seine Gesundheit, seine Herden und, noch schlimmer, alle seine Kinder verloren hatte. Hin und wieder kommen solche Gedanken auch von unserer eigenen inneren Stimme: *Es ist so schlimm, wie man es sich vorstellen konnte.*

Eine natürliche Folge von Angst kann Flucht sein. Lauf weg! Fliehe! Jemand, der bei David Gehör gefunden hatte, erzählte ihm buchstäblich, sich auf die Berge zu flüchten. «David, es ist vorbei! Nimm die Sache in die eigene Hand, andernfalls wirst du es nicht schaffen.» Zu viele Christen reagieren auf dieselbe Weise auf den IS, den Ausbruch von Ebola, eine wirtschaftliche Notlage oder jede andere Prüfung, die völlig ausser Kontrolle zu geraten scheint. Wenn sich der Boden unter unseren Füssen zu bewegen beginnt, verleitet uns die Angst dazu, uns aus dem Staub zu machen.

2. Angst verleitet Sie, auf die Umstände zu sehen statt auf Gott.

David beschreibt detailliert, wie «die Gottlosen ihren Bogen spannen» und «ihre Pfeile auf die Sehne gelegt haben, um im Verborgenen auf die zu schiessen, welche aufrichtigen Herzens sind» (11,2). Angst kann uns völlig gefangen nehmen, sodass wir uns nur noch auf den Gedanken konzentrieren: «Was ist, wenn?» Dabei spielt es keine Rolle, ob unsere Befürchtungen überhaupt eintreffen können.

Davids Angst, dass die Fundamente seines Königreiches einstürzen (V. 3), lässt darauf schliessen, dass er das denkbar schlimmste Ergebnis fürchtete. Auch uns fällt das nicht schwer. Aber solche überzogenen Gedanken und sorgenvollen Fantasien sind nicht vereinbar mit dem, von dem wir wissen, dass es absolut wahr ist. Denken Sie daran, Gott hat alles unter Kontrolle, und unsere Zuversicht muss auf ihn gerichtet bleiben.

Im Glauben reagieren – Vertrauen und Freude

Irgendwo zwischen dem Ende von Vers 3 und dem Anfang von Vers 4 erlangt David seinen geistlichen Halt zurück ... und seinen Glauben.

David erklärt: «Der HERR ist in seinem heiligen Tempel. Der Thron des Herrn ist im Himmel.» Er vertraut nicht länger auf sich oder auf seine eigenen Mittel, sondern auf die Macht und die souveränen Absichten des Herrn.

Ungeachtet unserer schwierigen und ernsten Situation können wir uns wie David an Gott wenden. Er ist der Einzige, der heilen, befreien, verändern, den Sturm beruhigen und eine neue Schöpfung aus uns machen kann. Er allein kann die Lage verändern.

Davids Glaube schaut nicht mehr auf seine irdischen Umstände, sondern vertraut dem Gott des Himmels. «Der HERR ist in seinem heiligen Tempel.» Indem er erklärt, dass der Herr auf seinem Thron sitzt, beweist er sein Vertrauen, dass der Herr alles unter seiner Kontrolle hat. Gott verliert uns nicht aus den Augen, wenn das Leben ungemütlich wird. Und der Herr sieht alles von seinem Standpunkt im Himmel – ob nun Davids Probleme oder die bösen Taten des Islamischen Staates heute.

Vergessen Sie nicht, der Herr kennt alle Details unserer Umstände. Er kennt den Grund ebenso wie das Ergebnis. Er sieht alles, weiss alles und kontrolliert alles.

Wenn wir uns in unseren Schwierigkeiten Gott zuwenden, verändert sich unsere Perspektive komplett. Jetzt sehen wir Ihn, über allem anderen. Angst verschlechtert die Umstände. Der Glaube macht den Herrn grösser. Was kommt in Ihren Gedanken oder Ihrem Herzen zuerst? Ihre finanziellen Probleme? Ihre zerbrochene Ehe? Ihre Sucht? Ihre früheren Misserfolge? Ihre Kinder? Ihre unsichere Zukunft? Wie David müssen Sie sich dem Herrn zuwenden und ihm erlauben, Ihre Perspektive zu verändern.

Davids neu gewonnenes Vertrauen richtet sich nicht nur auf die souveräne Kontrolle Gottes, sondern auch auf seine vollkommene Gerechtigkeit. «Der HERR prüft den Gerechten; aber den Gottlosen und den, der Frevel liebt, hasst seine Seele» (V. 5). Gott ist der einzige vollkommene, gerechte Richter der ganzen Erde. Er kennt die Motive und Taten aller Menschen, und er wird letzten Endes jedem das geben, was er verdient. Das schliesst auch ein, dass er die Mitglieder des IS vollkommen gerecht behandeln wird. Die Gottlosen, die Unbarmherzigen und diejenigen, die den Frevel lieben, werden ein sicheres und schreckliches Gericht empfangen.

«Der HERR prüft den Gerechten; aber den Gottlosen und den, der Frevel liebt, hasst seine Seele. Er lässt Schlingen regnen über die Gottlosen; Feuer, Schwefel und Glutwind ist das Teil ihres Bechers» (V. 5–6). David ist überzeugt, dass Gott schliesslich jeden gerecht behandeln wird. Er weiss, dass die Gottlosen am Ende einen hohen Preis für ihre Taten zahlen werden. Gott lässt Prüfungen in das Leben der Gerechten kommen, die sie prüfen und ihren Glauben an ihn stärken sollen. Aber sein Gericht über die Bösen wird vollständig und schwer sein.

Das ist eine Garantie für die Ewigkeit.

In unseren angsterfüllten Lebensstürmen

Schliesslich entscheidet sich David in seinen Schwierigkeiten, der absolut zuverlässigen und oftmals unerwartet persönlichen und mächtigen Gegenwart des Herrn zu vertrauen: «Die Aufrichtigen werden sein Angesicht schauen» (V. 7).

Gott zeigt sich in der Mitte des Sturms. Der hebräische Ausdruck spricht davon, dass Gott den Gerechten in Zeiten der Not persönlich zur Hilfe kommt. Ganz gleich, wie schwer die Prüfung ist, der Herr verheisst denen, die auf ihn vertrauen, seine persönliche und mächtige Gegenwart. Stellen Sie sich vor, wie Gott zu jedem von uns sagt: «In den Zeiten, in denen du dich am einsamsten und schrecklich verlassen fühlst und in grosser Not bist, werde ich dir persönlich zur Seite stehen. Du kannst auf mich zählen.»

Als mein Sohn Jacob noch klein war, hatten seine Mutter und ich erhebliche Mühe, als er vom Gitterbettchen in sein Bett für grosse Jungen wechselte. Jacob fürchtete sich vor der Dunkelheit. Vor dem Schlafengehen wollte er oft, dass ich mich zu ihm lege und singe. An den meisten Abenden sang ich ein oder zwei Loblieder, während er ruhiger wurde und in den Schlaf fiel. Als ich sang, entspannte er sich langsam. Alle paar Sekunden zuckte sein kleiner Körper, entspannte sich dann, zuckte und entspannte sich wieder.

Am Ende jedes Lobliedes streckte Jacob seine Hand aus und legte sie mir auf die Schulter. So wollte er sichergehen, dass ich noch im Zimmer war.

Ich sang weiter.

Beruhigt drehte er sich um und schloss seine Augen. Nachdem in der Dunkelheit und Stille weitere Minuten vergangen waren, streckte er sich wieder nach mir aus. Als ich seine kleine Hand auf meiner Schulter fühlte, versicherte ich ihm nochmals, dass ich ihn nicht allein lassen würde.

Ich sang weiter. Immer und immer wieder drehte er sich um und ich liess ihn meine Stimme hören.

Dieses kleine Ritual dauerte so lange an, bis er schliesslich in den Schlaf fiel. Da er sich vor der Dunkelheit fürchtete, brauchte er die Sicherheit, dass sein Vater an seiner Seite war. (Eines dieser Loblieder steht am Ende des Kapitels.)

Gottes Verheissung seiner Gegenwart

Möglicherweise brauchen auch Sie diese Sicherheit. Gott hat verheissen, Sie nie zu verlassen (5. Mo 31,6).[3] Er liebt Sie mit unendlicher Liebe. Er sandte seinen Sohn, Jesus Christus, der für Ihre Sünden starb, die Strafe für Sie bezahlte und sein Blut vergoss. Wenn Sie an Jesus glauben, werden Sie ein Kind Gottes – und als solches empfangen Sie alle Verheissungen des himmlischen Vaters, einschliesslich der Verheissung in Psalm 11. Sie werden sein Angesicht sehen. Sie werden ewig mit ihm leben.

Bis dahin müssen Sie Ihr Leben nicht in Furcht verbringen. Gott hat alles in Ihrem Leben unter seiner Kontrolle. Und in Zeiten, in denen Sie sich besonders fürchten, unsicher sind und an Ihrer Fähigkeit zweifeln, den nächsten Tag durchstehen zu können, müssen Sie sich nur ihm zuwenden. Er hat persönlich verheissen, Ihnen zur Seite zu stehen und Sie zu trösten.

Möglicherweise haben Sie zu diesem Buch gegriffen, weil Sie an der IS-Krise interessiert sind. Wir hoffen, Sie verstehen die Situation und die beteiligten Personen jetzt etwas besser und haben dadurch eine besonnenere und mitfühlendere Perspektive gewonnen.

Aber vielleicht haben Sie auch erkannt, dass Ihr Leben von Angst überschattet ist. Wie bei David geben Ihre Umstände Ihnen wohlmöglich das Gefühl, dass alle Hoffnung verloren ist.

Wenn das der Fall ist, bitten wir Sie, sich an den Herrn zu wenden. Strecken Sie sich im Dunkeln nach ihm aus und vertrauen Sie ihm. Sie werden seine Stimme hören und seine persönliche und mächtige Gegenwart erfahren. Er ruft Ihnen in Ihrer Dunkelheit zu: *Ich bin hier. Ich bin hier. Ich bin hier. Ich bin hier. Ich werde dich nicht verlassen. Ich bin hier. Ich bin hier.*

Jacobs Gutenachtlied

«Welch ein festes Fundament»

Fürchte dich nicht, ich bin mit dir; o sei nicht bestürzt,
denn ich bin dein Gott, ich werde dir helfen.
Ich werde dich stärken, dir helfen und dich fest stehen lassen,
aufrechterhalten durch meine gütige, allmächtige Hand.

Wenn durch feurige Prüfungen dein Weg soll führen,
wird meine allgenügsame Gnade deine Stütze sein.
Die Flamme wird dir nicht schaden; ich will nur
deine Schlacke absondern und dein Gold verfeinern.

Die Seele, die sich bei Jesus ausruht,
werde ich nicht, werde ich nicht ihren Feinden überlassen.
Diese Seele, sollte die ganze Hölle auch erbeben,
werde ich nie, nein, nie, nein, nie verlassen![4]

Dank

Die Autoren möchten ein besonderes Dankeswort an die vielen Menschen richten, die an der Entstehung von *Die IS-Krise* beteiligt waren. Als Erstes sind wir Greg Thornton, Senior Vizepräsident für den Bereich Medien, und Paul Santhouse, Vizepräsident und Herausgeber von Moody Global Ministries, dankbar für ihren Enthusiasmus und ihren Glauben an das Buch. Des Weiteren möchten wir Randall Payleitner, Redaktionsleiter von Moody Publishers, dafür danken, dass er jeden Schritt des Weges mit ruhiger Hand begleitet hat. Auch dir, Jim Vincent, wollen wir danken für dein achtsames Auge und dein aufrichtiges Interesse am Gelingen des Manuskripts, während wir deinen Posteingangsordner über mehrere Wochen fleissig füllten. Und ebenso geht unser Dank an Janis Backing, weil du die Vision am Leben gehalten und alle unsere wirren und verrückten Publicityideen durchgesehen hast, in dem Bemühen, das Buch den Lesern näher zu bringen.

Wir sind auch sehr dankbar für die Unterstützung unserer Frauen. Danke, Kathy Dyer, dass du das Projekt unermüdlich beaufsichtigt und das Manuskript stapelweise Korrektur gelesen hast, bevor es an Moody Publishers ging. Und danke, Tracy Tobey, für deine anhaltende Geduld und dein unermüdliches Verständnis, als wir mit einem weiteren Projekt während einer arbeitsreichen Urlaubszeit Fortschritte gemacht haben.

Zum Schluss gilt unsere tief empfundene Dankbarkeit den unzähligen amerikanischen Militärangehörigen, die im Namen der Freiheit mutig an den Frontlinien der dunkelsten und gefährlichsten Orte der Welt stehen. Ihr gehört zu den vielen, derer diese Welt nicht würdig ist. Wir sind euch und euren Familien dankbar für die Opfer, die ihr jeden Tag bringt.

Gott sei die Ehre.

Fussnoten

Einleitung

1. Als er über die Dschihadisten im Irak sprach, sagte Präsident Obama: «Der hier gelegentlich gewählte Vergleich, und ich glaube, er ist zutreffend, besagt, dass ein jayvee team, das die Trikots der Lakers anzieht, noch lange nicht zu Kobe Bryant wird.» David Remnick, «Going the Distance: On and Off the Road with Barack Obama», *New Yorker*, 27. Januar 2014.
2. S. Lizzie Dearden, «Isis vs Islamic State vs Isil vs Daesh: What Do the Different Names Mean – and Why Does It Matter?», *The Independent*, 23. September 2014, http://www.independent.co.uk/news/world/middle-east/isis-vs-islamic-state-vs-isil-vs-daesh-what-do-the-different-names-mean-9750629.html, vgl. Jaime Fuller, «‹ISIS' vs. ‹ISIL› vs. ‹Islamic State›: The Political Importance of a Much Debated Acronym», *Washington Post*, 9. September 2014, http://www.washingtonpost.com/blogs/the-fix/wp/2014/09/09/isis-vs-isil-vs-islamic-state-the-political-importance-of-a-much-debated-acronym.

Kapitel 1

1. George Santanya, *Life of Reason*, Bd. 1: *Reason in Common Sense* (New York: Scribner's, 1905), S. 284.
2. ISIL ist eine andere Bezeichnung für ISIS. S. Anmerkung 2 in der Einleitung.
3. Der Ausdruck stammt aus einem Buch von H. G. Wells, *The War That Will End War* (New York: Duffield & Company, 1914), in dem er behauptete, die Niederlage des preussischen Imperialismus könnte alle Kriege beenden.
4. Eine ausgezeichnete Untersuchung aller Fragen findet sich bei David Fromkin, *A Peace to End All Peace: The Fall of the Ottoman Empire and the Creation of the Modern Middle East* (New York: Avon Books, 1989).
5. Brief von Henry McMahon an Hussein vom 24. Oktober 1915.
6. Brief von Arthur James Balfour an Baron Rothschild vom 2. November 1917.
7. Richard Engel, *NBC Nightly News*, 28. Juni 2014.

Kapitel 2

1. Jimmy Carters Ansprache an die Nation nach der sowjetischen Invasion in Afghanistan, 4. Januar 1980. Online bei Gerhard Peters und John T. Woolley, *The American Presidency Project*, http://www.presidency.ucsb.edu/ws/?pid=32911.

2. «Sadat Assassinated at Army Parade as Men amid Ranks Fire into Stands; Vice President Affirms ‹All Treaties›», *New York Times*, 6. Oktober 1981.
3. Ruhollah Khomeini, Bemerkungen gegenüber Studenten und Pädagogen in Qum, Iran, 13. März 1979.
4. Diese Aussage wird Saddam Hussein von Latif Yahia zugeschrieben, der als Doppelgänger von Udai Hussein diente. «I Knew Saddam», englischsprachige Rundfunksendung von Al Jazeera, 31. Juli 2007.
5. Präsident Carters Ansprache an die Nation nach der sowjetischen Invasion in Afghanistan, 4. Januar 1980.
6. Zitat vom Kongressabgeordneten Charlie Wilson in «Charlie Did It», *60 Minutes*, CBS-TV, 30. Oktober 1988, produziert von George Crile.

Kapitel 3

1. Donald Rumsfeld, Interview mit Steve Croft, Infinity CBS Radio, 14. November 2002.
2. Steve Jobs, Rede auf der Abschlussfeier der Stanford University vom 12. Juni 2005.
3. Thomas Joscelyn, «Al-Qaeda renews its oath of allegiance to Taliban leader Mullah Omar», *The Long War Journal*, 21. Juli 2014.
4. Mullah Omar in seinen eigenen Worten. *The Guardian*, 26. September 2001.
5. Sure 48:10. «Gewiss, diejenigen, die dir den Treueid leisten, leisten (in Wirklichkeit) nur Allah den Treueid; Allahs Hand ist über ihren Händen. Wer nun (sein Wort) bricht, bricht es nur zu seinem eigenen Nachteil; wer aber das einhält, wozu er sich Allah gegenüber verpflichtet hat, dem wird Er grossartigen Lohn geben [andere Lesart: dem werden Wir ... geben].»
6. Der Text der Fatwa drängt zum Dschihad gegen Amerikaner, veröffentlicht in der Zeitung *Al-Quds Al-Arabi*, 23. Februar 1998.
7. Ben Hubbard, «The Franchising of Al-Qaeda», *New York Times*, 25. Januar 2014.
8. Aussage von Joseph Biden bei einem Briefing im Weissen Haus, 19. April 2010.
9. ISIS ist ein Akronym für Islamischer Staat im Irak und in Syrien oder Islamischer Staat im Irak und al-Sham («al-Sham» bezieht sich auf die früheren byzantinischen Gebiete «des Ostens», die Grosssyrien einschliessen). ISIL ist ein Akronym für Islamischer Staat im Irak und der Levante.
10. Brief von Al-Qaida-Führer Aiman al-Zawahiri von 2013.
11. «Jewish Museum Gun Suspect ‹Was Captor in Syria›», BBC News Europe, 6. September 2014, http://www.bbc.com/news/world-europe-29095044.

Kapitel 4

1. Wie zitiert in Benny Morris, 1948: *A History of the First Arab-Israeli War* (New Haven, Mass.: Yale Univ. Press, 2009), S. 393.
2. Ebd.
3. Zitat aus einer Predigt von Ayatollah Khamenei, 15. Dezember 2000.
4. «Anti-Jewish Violence in Pre-State Palestine/1929 Massacres», Committee for Accuracy in Middle East Reporting in America, 23. August 2009.
5. David Wollenberg, «The Myth of Jewish ‹Colonialism›: Demographics and Development in Palestine», *Harvard Israel Review,* 2003.
6. *Great Britain and Palestine,* 1915–1945, Info-Blatt Nr. 20, 3. Ausg. (London: Royal Institute for International Affairs, 1946), S. 64.
7. Morris, *1948,* S. 420.
8. Haj Amin al-Husseini, Grossmufti von Jerusalem, Radiosendung aus Berlin, 1. März 1944.
9. «Muhammad», in Mitchell G. Bard, *The Complete Idiot's Guide to the Middle East Conflict,* 3. Ausg. (New York: Penguin/Alpha, 2005), S. 51.
10. Aussage von John Kerry auf der dritten Jahresversammlung des Transformational Trends Policy Forum, 7. November 2014.

Kapitel 5

1. Sun Tzu, *The Art of War,* 3.18.
2. US-Bildungsministerium, Institut für Bildungswissenschaften, Nationales Zentrum für Bildungsstatistiken, Nationale Einschätzung des Bildungsprozesses (NAEP), Beurteilungen über das Fach Geografie aus den Jahren 1994, 2011 und 2010.
3. Kyle Dropp, Joshua D. Kertzer und Thomas Zeitzoff, «The Less Americans Know about Ukraine's Location, the More They Want U.S. to Intervene», *Washington Post,* 7. April 2014.
4. «The Sunni-Shia Divide», der Rat für auswärtige Beziehungen, 2014. www.cfr.org/peace-conflict-and-human-rights/sunni-shia-divide/p33176#!/
5. Sun Tzu, *The Art of War,* 3.18.

Kapitel 6

1. «Remarks by the President on Egypt», Büro des Pressesprechers, 11. Februar 2011.
2. «The Arizona Republican Presidential Debate», 22. Februar 2012.
3. «Statement by President Barack Obama on ISIL», das Weisse Haus, 10. September 2014.

4. Ebd.

5. *The History of Al-Tabari*, Bd. 8: *The Victory of Islam* (Albany: State Univ. of New York Press, 1997), S. 35.

6. «Sunnis and Shias: Islam's ancient schism», BBC News Middle East, 20. Juni 2014.

7. Bernard Lewis, «Islam and Liberal Democracy: A Historical Overview», *Journal of Democracy* 7, Nr. 2 (1996): 52–63. Copyright © 1996 National Endowment for Democracy and the Johns Hopkins University Press; https://www.mtholyoke.edu/acad/intrel/blewis.htm.

8. «EU warns Turkish army over vote», BBC News, 28. April 2007.

9. Orhan Oguz Gürbüz, «Is Turkey moving away from the democratic Western bloc?», *Today's Zaman*, 15. März 2014.

10. «US' Bass admits Turkey drifting towards authoritarianism», *Today's Zaman*, 16. Juli 2014.

11. Darrell Williams, «Western Democracy vs. Islamic Democracy: Iraq Politics», *Islam Daily*, 9. Mai 2008.

12. Artikel 4 [Islamischer Grundsatz] der iranischen Regierungsverfassung, 1979.

13. Diese Zitate stammen aus einer nicht geheimen Übersetzung des US-Verteidigungsnachrichtendienstes von «Al-Qaida Constitutional Charter, Rules and Regulations», 11. August 2002.

14. Aaron Y Zelin, «Abu Bakr al-Baghdadi: Islamic State's driving force», BBC News Middle East, 30. Juli 2014.

15. Ayatollah Khomeini, «The Form of Islamic Governance», Al-Islam.org. Am Anfang steht das Verständnis, dass die Lösung für diese Situation äusserst komplex ist.

Kapitel 7

1. Tony Blair, «Iraq, Syria and the Middle East – An essay», Büro von Tony Blair, 14. Juni 2014.

2. David Fromkin, *A Peace to End All Peace: The Fall of the Ottoman Empire and the Creation of the Modern Middle East* (New York: Avon Books, 1989), S. 224.

3. A. Heidborn, *Manuel de Droit Public et Administratif de L'Empire Ottoman*, Bd. 1 (Vienne : C. W. Stern, 1908), S. 8.

4. Mark Twain beschrieb beispielsweise eine Strasse in Syrien als «überfüllt mit ... langen Reihen von Kamelen», die, als sie zum Stehen kamen, aussahen wie «ein Strauss mit einem zusätzlichen Paar Beine». Mark Twain, *The Innocents Abroad* (Hartford, Conn.: American Publishing, 1869), S. 489.

5. Karl Baedeker, *Palestine and Syria*, 5. Ausg. (Leipzig: Karl Baedeker, 1912), S. 113.
6. Am Abend seiner Ermordung soll Präsident Lincoln angeblich zu seiner Frau gesagt haben, dass er Jerusalem besuchen wollte (Stephen Mansfield, *Lincoln's Battle with God* [Nashville: Thomas Nelson, 2012]).
7. Fromkin, *A Peace to End All Peace*, S. 558.
8. Lee Smith, «Iraqi Insurgents Boast They're Building an Arab Super-State», Hudson Institute, 12. Juni 2014.
9. Amatzia Baram, zitiert in C. S. Manegold und R. Wilkinson, «The Anchor and the Hope of the Weak and the Meek», *Newsweek*, 13. August 1990, S. 23.
10. Dalit Halevy und Ari Yashar, «Arab MK Calls for Establishment of ‹United Islamic States›», *Arutz Sheva*, 3. Oktober 2014.
11. Bernard Lewis, «Iran in History», ein vom Mortimer und Raymond Sackler Institute of Advanced Studies an der Universität von Tel Aviv vorgestelltes Dokument, 18. Januar 1999, S. 1.
12. Latif Nsayyif Jassim, irakischer Informations- und Kulturminister, *Baghdad Observer*, 23. September 1987, S. 2.
13. Marwan Bishara, «Why Arabs Fear a U.S.-Iran Détente», *New York Times*, 27. Oktober 2013.
14. Yaakov Lappin, «Saudi Missile Parade a Signal to Iran, Israeli Defense Expert Tells ‹Post›», 1. Mai 2014.
15. «Water-Shortage Crisis Escalating in the Tigris-Euphrates Basin», Future Directions International, 28. August 2012.
16. John Vidal, «Water Supply Key to Outcome of Conflicts in Iraq and Syria, Experts Warn», *The Guardian*, 2. Juli 2014.
17. Suleiman al-Khalidi, «Middle East Drought a Threat to Global Food Prices», *Reuters*, 7. Mai 2014.
18. Tom Doyle, *Desperation* (Plano, TX: e3 Partners, 2011), S. 116.
19. «It was a ‹mistake› not to take the fight to ISIS says ex-Kurdistan PM», *Rudaw*, 10. Februar 2014.

Kapitel 8

1. «Islamic State Leader Baghdadi urges attacks in Saudi Arabia», *Irish Times*, 14. November 2014.
2. Zusätzlich zu den Dschihadisten-Gruppen in Algerien, Ägypten und Libyen, die dem Islamischen Staat ihre Unterstützung geschworen haben, bieten andere Dschihadisten Unterstützung an: Tschetschenien (Thomas Joscelyn, «Chechen-led group swears allegiance to head of Islamic State

of Iraq and Sham», *The Long War Journal* [27. November 2013]); Gaza (Asmaa al-Ghoul, «Gaza Salafists Pledge Allegiance to ISIS», *AL-Monitor,* 27. Februar 2014); Libanon («Lebanese Group Pledges Allegiance to ISIS and the ‹Islamic Caliphate›», *Middle East Monitor,* 1. Juli 2014); Nigeria («Boko Haram voices support for ISIS' Baghdadi», *Al Arabiya News,* 13. Juli 2014); Pakistan («Pakistan: Tehrik-i-Taliban Pakistan Declares Allegiance to Islamic State», *Stratfor Global Intelligence,* Samstag 4. Oktober 2014); Philippinen («Philippine Militants Pledge Allegiance to ISIS», *The Daily Star,* 15. August 2014); und Usbekistan («Uzbekistan: Islamist Leader Announces Alignment with Islamic State Militants», *Stratfor Global Intelligence,* Montag 6. Oktober 2014).

3. S. zum Beispiel *Daily Mail Online:* Jack Crone, «Wanted – experienced oil plant manager, pay 140,000 p.a. ... send CV to ISIS: Jihadists advertising for skilled professionals to man its failing oil fields after string of fatal accidents», *Daily Mail Online,* 19. November 2014.
4. Jamie Weinstein, «ISIS Threatens America: ‹We Will Raise the Flag of Allah in the White House›», *The Daily Caller,* 8. August 2014.
5. Joel Richardson, *The Islamic Antichrist* (Los Angeles: WND Books, 2009), S. 171–175.
6. Ebd, S. 69.
7. Weitere Informationen zu Daniel 9 finden Sie bei John F. Walvoord, *Daniel,* überarbeitet und herausgegeben von Charles H. Dyer und Philip E. Rawley (Chicago: Moody, 2012), S. 270–271.

Kapitel 9

1. John Kerry, «Remarks at a Reception in Honor of Eid al-Adha», 16. Oktober 2014.
2. Leslie C. Allen, *Ezekiel* 20–48, Word Biblical Commentary (Dallas: Word, 1998), S. 204–205.
3. Lamar Eugene Cooper, *Ezekiel,* The New American Commentary (Nashville: Broadman & Holman, 1994), S. 332.
4. Die meisten dt. Bibelübersetzungen geben das hebräische Wort *rosh* als Eigennamen wieder – «Fürst von Rosch». Das wirft die Frage auf, ob Rosch als Eigenname, was ihn als einen Ort identifiziert, oder als Adjektiv übersetzt werden sollte. Wie in *The Bible Knowledge Commentary* angemerkt, «taucht ‹Rosch› nie als eine Nation in irgendeiner anderen biblischen Liste mit Ortsnamen auf, während alle anderen Namen klar bestätigt werden (vgl. 1Mo 10,1–7; 1Chr 1,5–7; Hes 27,13–24; 32,26). Eine mögliche Ausnahme könnte Jesaja 66,19 (NASB) sein, aber das ist fraglich (s. NIV)»; in Charles H. Dyer, «Ezekiel», *The Bible Knowledge Commentary,* Hrsg., J. F. Walvoord und R. B. Zuck (Wheaton: Victor Books, 1985), 1,299.

5. Cooper, *Ezekiel*, S. 331.

6. Der Historiker Josephus identifizierte Togarma mit den Phrygiern (Josephus Altertümer 1.6.1).

7. Im 16. Jahrhundert entwickelte Elijah Levita das *Tischbi*, ein Wörterbuch mit 712 Wörtern, die im Talmud und der Midrasch verwendet wurden, sowie ihren jiddischen, lateinischen und deutschen Entsprechungen. In diesem Werk übersetzte er das hebräische Wort *togarmai* mit *Türck* ins Deutsche und mit *Turca* ins Lateinische.

8. Sami Nadar, «Natural Gas Resources May be Backstory in Syria War», *Al-Monitor*, 8. Oktober 2013.

9. «Israel Pitches ‹Massive› Natural Gas Pipeline Plan to Europe», *The Times of Israel*, 20. November 2014. Der Bericht fügt hinzu: «Israel hat vorgeschlagen, dass die EU-Länder in eine mehrere Milliarden Euro teure Pipeline investieren, die israelisches Erdgas auf den Kontinent transportiert. Man merkte an, dass die Versorgung aus Israel Europas gegenwärtige Abhängigkeit von russischem Erdgas verringern würde.»

Kapitel 10

1. Franklin D. Roosevelt, «Presidential Inaugural Address», 4. März 1933.

2. Martin Luther, «Ein feste Burg ist unser Gott», Strophe 1, Teil 2. Im öffentlichen Besitz.

3. Persönliches Interview von Mark Tobey mit Daniel Miller, Juni 2014.

4. Wade Akins, *Sharing Your Faith with Muslims* (Garland, TX: Hannibal Books, 2011), S. 101.

5. Howard G. Hendricks, «Never Stop Growing», Founder's Week Message am Moody Bible Institute, 1. Februar 2005.

6. John F. Walvoord, *Revelation*, überarbeitet und herausgegeben von Philip E. Rawley und Mark Hitchcock (Chicago: Moody, 2011), S. 198.

Kapitel 11

1. Leif Enger, *Peace Like a River* (New York: Grove Atlantic Press, 2001), S. 36.

2. David L. Akin, *10 Who Changed the World* (Nashville: Broadman & Holman, 2012), S. 81.

3. Das Neue Testament wiederholt diese Verheissung in Hebräer 13,5, dass Gott sich um unsere Bedürfnisse kümmert und wir uns daher keine Sorgen machen müssen. Allen Menschen, die ihm vertrauen, verheisst Jesus seine Gegenwart und seinen Trost (s. Mt 28,20). Und in Matthäus 11,28 verheisst er allen, «die ihr mühselig und beladen seid, so will ich euch erquicken»!

4. «How Firm a Foundation», Verse 2, 4 und 5, Rippon's *Selection of Hymns*, 1787. Im öffentlichen Besitz.